HANNS KAISER · NORBERT KLINKENBERG

CORTISON

Die Geschichte eines Medikaments

HANNS KAISER · NORBERT KLINKENBERG

CORTISON

Die Geschichte eines Medikaments

WISSENSCHAFTLICHE BUCHGESELLSCHAFT
DARMSTADT

Zum Einbandbild: Als Dank für die wiedererlangte Arbeitskraft gab Raoul Dufy (1877–1953) seinem Blumenbild den Titel ›La cortisone‹. Der Abdruck erfolgt mit freundlicher Genehmigung der Laboratoires Roussel, Paris, in deren Besitz sich das Bild befindet.

wb Bestellnummer 10096-4

Satz: Maschinensetzerei Janß, Pfungstadt

Druck und Einband: Wissenschaftliche Buchgesellschaft, Darmstadt

Printed in Germany

Schrift: Linotype Times, 9.5/10

INHALT

Vorwort IX

1. Entdeckung der Nebennieren 1
   Anatomische Sicherung 1
   Spekulationen über die Funktion 6
   Physiologische Experimente 7
   Die Addisonsche Krankheit 9

2. Frühe Therapieversuche 12
   Konzept einer kausalen Therapie 12
   Organotherapie 13
   Das Nebennierenmark-Hormon 15

3. Lebenswichtigkeit der Nebennierenrinde 17
   Experimentelle Sicherung 17
   Cortin-Extraktion 18
   Cortin-Therapie 19

4. Intensivierte Rindenhormonforschung 22
   Biochemische Laborarbeit 22
   Preisexplosion für tierische Nebennieren . . . 24
   Darstellung der ersten Rindenhormone 25
   Tierexperimente 28
   Klinische Studien 32

5. Die Desoxycorticosteron-Ära 36

6. Die Entdeckung der Hormonsteuerung 40

7. Auf dem Weg zur Hormonsynthese 45

8. Entdeckung der antirheumatischen Wirkung . . . 50
   Klinische Analogieschlüsse 50
   Die Geschichte der “Mrs. G.” 52
   Veröffentlichung der Ergebnisse 55

9. Cortison als Wunderdroge 56
Reaktionen der Fachwelt 56
Explosion der Indikationen 58
Frühe Warnungen 60
Erwartungen der Patienten 64
Sozioökonomische Folgen 66
Interpretationsversuche des Cortisonerfolgs . . 69

10. Die physiologischen Hormone der Nebennierenrinde 74

11. Substitutionstherapie 79
Formen der Nebennierenrinden-Unterfunktion . 79
Therapieregeln 80

12. Das Cortisonpendel in der Rheumatherapie . . . 83
Rheumatherapie vor Cortison 83
Revolutionierung der Rheumatherapie 85
Wandel der Indikationsstellung 87
Heutige Indikationen 88
Lokale Therapie 89

13. Umbruch in der Dermatologie 93
Dermatologie nach Cortison 93
Gefahren der Kortikoidexterna 95
Wachsende Kritik 96
Heutige Tendenzen 100

14. Das Problem der unerwünschten Wirkungen . . . 103
Ursachen 104
Ausmaß 105
Wege zur Vermeidung 106

15. Reaktion von Pharmazie und Pharmakologie . . . 109
Die Kortikoide 109
ACTH und Lipocortin 114
Aufklärung des Wirkungsmechanismus 115
Klinische Wirkungen 117

16. Klinische Konsequenzen 120
Veränderte Anwendungsformen 120
Dosierungsfragen 123

Übersicht über die heute üblichen Initialdosen . 124
Weiterbehandlung 124
Erhaltungsdosis 125
Dosierung bei Kindern 127
Variationen der Dosierung 127

17. Auswirkungen auf die praktische Therapie 128
Modifizierte Indikationsstellungen 128
Infektionskrankheiten 128
Virushepatitis und ihre Folgezustände . . . 132
Akute Virushepatitis 133
Chronische Hepatitis 135
Entzündliche Darmkrankheiten 136
Nierenentzündungen 137
Veränderte Dosierungen 138
Schockzustände 138
Hirnödem 140
Multiple Sklerose 142
Neue Anwendungsformen 142
Asthma 142
Augenkrankheiten 145
Kombinierte Therapie 145
Blutkrankheiten 146
Tumortherapie 147

18. Aktive Teilnahme des Patienten 149

19. Ausblick 152

Auswahlbibliographie 155

Abbildungsnachweis 161

Personenregister 163

VORWORT

Cortison hat Geschichte gemacht. Es veränderte Grundvorstellungen medizinischer Theorie und prägte ärztliches Handeln. Seine Geschichte stellt ein Kernstück der Geschichte der naturwissenschaftlich orientierten Medizin dar. Die Entdeckung und biochemische Darstellung der Nebennierenrinden-Hormone fällt in die klassische Periode der Hormonforschung. Im Cortison lag einer der Schlüssel für die Sicht des Menschen als Organismus, der chemisch-physikalischen Gesetzen und hormonalen Regelmechanismen gehorcht.

Die zurückliegenden 40 Jahre Cortisontherapie sind ein Beispiel für die Entwicklung der modernen Therapie. Kaum eine Forschungsleistung der Medizin erlangte von Beginn an solch breite öffentliche Aufmerksamkeit. Kaum eine Medikamentengruppe fand bei Ärzten, Patienten und der pharmazeutischen Industrie so großes Interesse wie die der Kortikosteroide. Kaum ein Medikament hat so vielen Menschen das Leben gerettet und noch mehr Kranken ein erträgliches Leben verschafft. Dennoch wird es heute von vielen Patienten wegen seiner unerwünschten Wirkungen gefürchtet. Die wechselvolle Geschichte von „Glanz und Elend" des Cortison läßt erkennen, daß es Jahrzehnte dauert, bis der Stellenwert eines neuen Arzneimittels geklärt ist.

Unser Buch will diese Entwicklungen in ihren Grundzügen aufzeigen. Es soll erklären, warum es zum „Cortison-Boom" Anfang der 50er und 60er Jahre kam und auf welchen Wegen bis heute versucht wurde, die Cortisontherapie risikoärmer zu machen. Ausführlich werden die heute anerkannten Therapieprinzipien dargestellt.

Zu den Voraussetzungen für eine verantwortungsbewußte Cortisontherapie gehört die aktive Teilnahme des Patienten in einem Therapiebündnis. Deshalb haben wir dieses Buch nicht nur für Fachleute geschrieben. Um es auch für interessierte Laien und betroffene Patienten lesbar und verstehbar zu machen, wurden medizinische Fachausdrücke, wo immer es möglich war, übersetzt. Freilich konnte es nicht immer gelingen, komplizierte Sachverhalte mit einfachen Worten darzustellen.

Das Literaturverzeichnis stellt lediglich eine knappe Auswahl dar. Ausführliche bibliographische Angaben finden sich ebenso wie wissenschaftliche Details in den im Literaturverzeichnis genannten Publikationen der beiden Verfasser dieses Bandes.

Wir wünschen diesem Buch, daß es mithelfe, Cortison richtig einzusetzen und Schäden zu vermeiden.

Augsburg und Mönchengladbach, im Sommer 1988

Hanns Kaiser Norbert Klinkenberg

1. ENTDECKUNG DER NEBENNIEREN

Die menschlichen Nebennieren sind eine verhältnismäßig späte Entdeckung der Medizin. Dies ist für die Geschichte des Cortison nicht ohne Bedeutung. Während andere hormonelle Organe, wie die Hoden, die Eierstöcke, die Hirnanhangsdrüse, die Schilddrüse oder die Bauchspeicheldrüse bereits in der Antike als anatomische Einheit erkannt worden waren, wurden die Nebennieren erst im 16. Jahrhundert entdeckt. Dies mag verwundern, denn die Nebennieren eines erwachsenen Menschen sind immerhin etwa vier bis sechs Zentimeter lang, zwei bis drei Zentimeter breit, wiegen fünf bis zehn Gramm und liegen den Nieren an ihren oberen Polen wie kleine Kappen auf.

Selbst nach ihrer Erstbeschreibung galt die anatomische Existenz der Nebennieren aber noch lange nicht als zweifelsfrei geklärt. Ebenso ungelöst war lange die Frage nach der Funktion der Nebennieren. Noch vor einhundert Jahren schrieb der Wiener Anatom Hyrtl, die unbekannte Funktion der Nebenniere sichere dieses Organ vor lästigen Nachfragen in der Heilwissenschaft. Dabei war zu diesem Zeitpunkt bereits durch Thomas Addison mustergültig ein Krankheitsbild beschrieben worden, das mit der Zerstörung der Nebennieren zusammenhing. Langwierigkeit, unsicheres Schwanken und blühende Spekulationen kennzeichnen die frühe Nebennierenforschung.

Anatomische Sicherung

Nach heutigem Forschungsstand gilt Bartholomaeus Eustachius Sanctoseverinatus (ca. 1520–1574) als der Erstbeschreiber der Nebennieren. Eustachius gehörte zu den großen Anatomen der Renaissance, die durch ihre vorurteilslosen, kritischen Beobachtungen halfen, die bis dahin im Abendland gültigen anatomischen Vorstellungen des Claudius Galenus (ca. 130–200 n. Chr.) zu überprüfen und zu korrigieren. Einige Jahre verbrachte Eustachius mit humanistischen Studien am Hofe des Herzogs von Urbino, einem politischen und kulturellen Zentrum der damaligen

Bartholomaeus Eustachius
(ca. 1520–1574)

Zeit. Hier lernte Eustachius auch Giulio della Rovere, einen jüngeren Bruder des Herzogs kennen, der nach seiner Ernennung zum Kardinal 1549 Eustachius mit sich nach Rom nahm. Nach 1555 wurde Eustachius zum Professor am römischen Collegio della Sapienza berufen. In dieser Eigenschaft soll Eustachius als erster in den Spitälern Roms Leichenöffnungen eingeführt haben. Zu den Verdiensten des Anatomen gehören u. a. die Erstbeschreibung der nach ihm benannten Verbindung zwischen Mittelohr und Rachenraum, die Erstbeschreibung des Nervus abducens und des Ductus thoracicus. Für ein breit angelegtes, kritisches und kämpferisches Werk ›Über anatomische Unstimmigkeiten und Kontroversen‹ ließ Eustachius 1552 47 Kupfertafeln stechen, von denen aber nur acht zu Lebzeiten des Eustachius 1564 in Venedig gedruckt wurden. Dieser venezianische Druck enthielt bereits ein Kapitel über die Nebennieren. Doch wurde das Werk in der Folgezeit nicht akzeptiert und kaum zur Kenntnis genommen. Vielen Anatomen des 17., sogar noch des 18. Jahrhunderts waren die Nebennieren offensichtlich unbekannt. In den Werken berühmter Anatomen (z. B. Vesalius, Fallopius, Fabritius ab Aquapendente, Vidius, Valverde, Riverius und Van Swieten) findet sich nichts über die Nebennieren. Ihre Existenz wurde teilweise bestritten, so daß der sonst wenig bekannte römische Arzt Thomasius Petruccius (1675) in einer Monographie über die Nebennieren sogar auf einen (falsch verstandenen) biblischen Beweis zur Existenz dieser

TABULÆ
ANATOMICÆ
CLARISSIMI VIRI
BARTHOLOMÆI EUSTACHII
Quas è tenebris tandem vindicatas
ET
Sanctissimi Domini
CLEMENTIS XI.
PONT. MAX.
Munificentiâ dono acceptas
Præfatione, Notisque illustravit, ac ipso suæ Bibliothecæ dedicationis die publici juris fecit
JO. MARIA LANCISIUS
Intimus Cubicularius, & Archiater Pontificius.

ROMÆ MDCCXIV.
Ex Officina Typographica FRANCISCI GONZAGÆ in Via lata.
PRÆSIDUM PERMISSU.

Titelblatt der ›Tabulae anatomicae‹ des Eustachius, wie sie 1714 von Lancisi in Rom herausgegeben wurden.

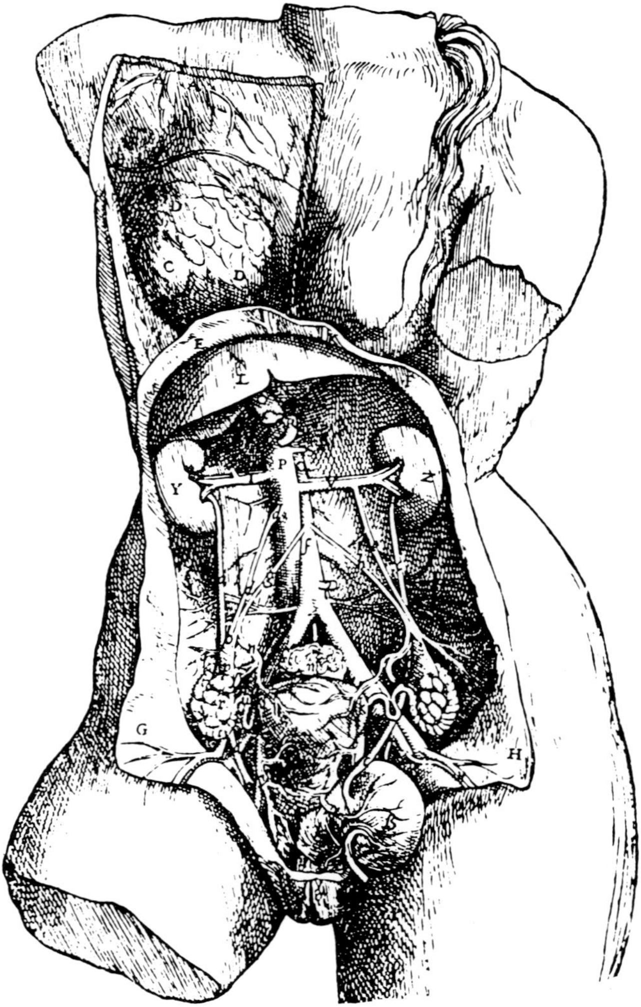

Situs des Vesalius (1514–1564) ohne anatomische Darstellung der Nebennieren (1543).

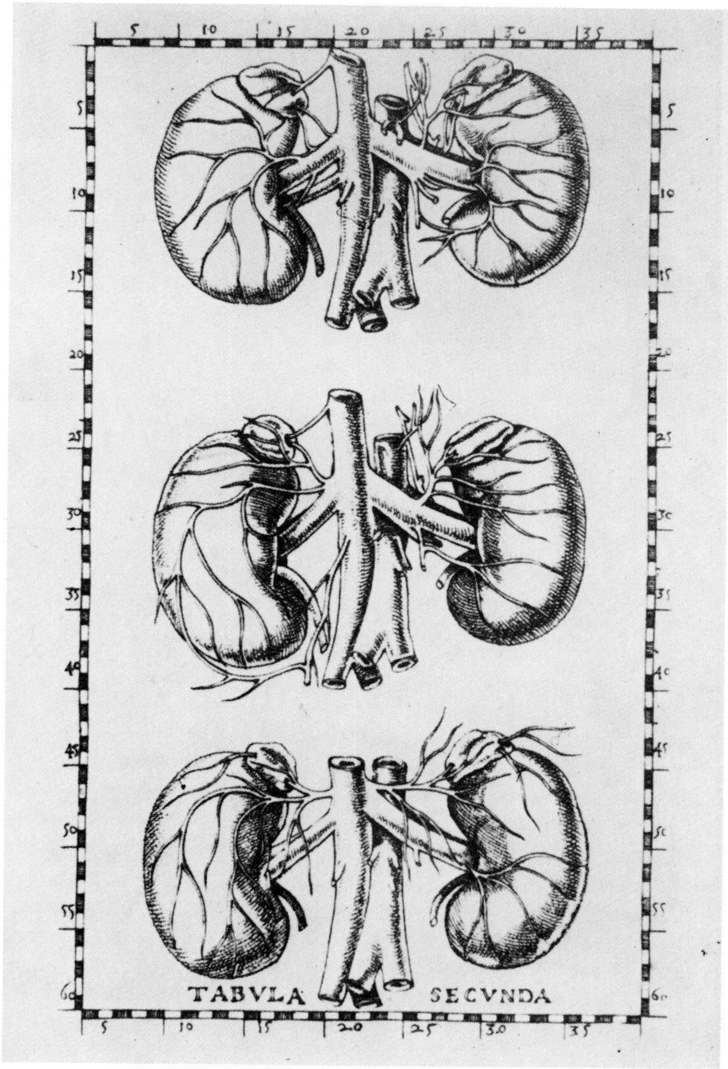

Der entsprechende Situs mit Darstellung der Nebennieren bei Eustachius (1564).

Organe zurückgreifen mußte. Erst 1714 konnte der päpstliche Leibarzt G. M. Lancisi die 8 Tafeln des venezianischen Drucks und die restlichen Kupfer des Eustachius der Vergessenheit entreißen und mit einem eigenen Kommentar herausgeben.

Spekulationen über die Funktion

Noch umstrittener als die anatomische Existenz blieb die Funktion der Nebennieren. Für Spigelius (1578–1625) waren die Nebennieren schlichtweg „Lückenfüller". 1716 lautete die Preisfrage der Akademie der Wissenschaften von Bordeaux, was der Nutzen der Nebennieren sei. Kein Geringerer als der spätere Verfasser des ›L'esprit des lois‹, Charles de Montesquieu (1689–1755), war als Generalsekretär der Akademie mit der kritischen Prüfung der eingesandten Arbeiten betraut. Jedoch erschien ihm keine der Untersuchungen preiswürdig. Tröstend vermerkte Montesquieu dazu in seinem Gutachten, dies zeuge eher von der Schwierigkeit der Fragestellung als von der Unfähigkeit der Teilnehmer des Wettbewerbs. Vielleicht bringe der Zufall eines Tages ans Licht, was alle Forschung nicht zuwege gebracht hätte. Doch sollten über die Bedeutung der Nebennieren noch lange Hypothesen und Spekulationen im Wettstreit miteinander liegen. Zweifellos erschwerte auch die rasche Gewebeauflösung der Nebennieren nach dem Tod die Klärung der anatomischen Frage wie die nach der Funktion der Organe. So galt lange die These Caspar Bauhins (1560–1624), nach der sich im Innern der Nebennieren eine mit schwarzer Galle gefüllte Höhle befände. Die Annahme Valsalvas (1666–1723), es bestünde eine anatomische (und funktionelle?) Verbindung zwischen Nebennieren und Hoden, verschaffte den Organen kurzfristig stärkere öffentliche Aufmerksamkeit; doch wurde die Behauptung bald als falsch abgelehnt.

Unter den wettstreitenden Vermutungen verdient eine 1785 in Frankfurt an der Oder erschienene medizinische Dissertation Beachtung, nach der es die Aufgabe der Nebennieren sei, durch Absonderung von Stoffen an das Blut eine Reizkraft auf das Herz auszuüben. Dies zeigt, daß sich die Auffassung einer „inneren Sekretion" bereits durchzusetzen begann, bevor ihr Begriff durch Claude Bernard (1813–1878) geprägt wurde. Bereits Théophile de Bordeu (1722–1776) hatte 1775 vertreten, daß von jedem Organ Absonderungen zum Nutzen des gesamten Organismus ausgingen. Jedoch fanden diese Vorstellungen zunächst wenig Beachtung. Die Aufmerksamkeit der Forscher und Ärzte richtete sich in dieser Zeit vornehmlich auf das Nervensystem, von dem man annahm, daß es für das harmonische Zusammenspiel der einzelnen Organe verantwortlich sei.

Physiologische Experimente

Erst auf der Basis eines neuen medizinisch-naturwissenschaftlichen Grundverständnisses öffneten sich der Forschung neue Wege. In der Tradition der Neubegründung der Physiologie durch Albrecht von Haller (1708–1777) setzte sich zu Beginn des 19. Jahrhunderts in Deutschland und Frankreich eine neue, streng naturwissenschaftlich orientierte Denkrichtung durch. Durch sie wurden die zuletzt gültigen Strömungen des sogenannten Vitalismus, Mesmerismus und Naturhistorismus überwunden. Ein typisches Beispiel für die neue Arbeitsweise ist die Arbeit Johann Friedrich Meckels d. J. (1781–1833). Meckel, der auch „der deutschen Cuvier“ genannt wurde, gilt als der größte vergleichende Anatom in Deutschland vor Johannes Müller (1801–1858). Meckels ›Tabulae anatomico-pathologicae‹ sind das erste systematische Werk über pathologische Befunde, in dem sich übrigens auch erste Bemerkungen über die vorzeitige Pubertät (Pubertas praecox) befinden. Der Titel des Werks war Programm: die bewußte Wahrnehmung und Gegenüberstellung krankhafter, pathologischer Befunde mit den normalen, anatomischen Strukturen. „Medizin ist die Physiologie des Kranken“, hatte das geistige Oberhaupt der neuen Richtung in Frankreich, François Magendie (1783–1855), verkündet. Die daraus entspringende wissenschaftliche Forschung wurde insbesondere in zwei Richtungen angestoßen: 1. Die Phänomene von Gesundheit und Krankheit sollten als physikalisch-chemische Prozesse auf atomarer und molekularer Ebene erklärt werden (Johannes Müller und seine Schule), was schließlich zur pathologischen Physiologie der Zelle bei Rudolf Virchow (1821–1902) führte. 2. Das Erscheinungsbild der Erkrankung sollte mit der physikalisch-chemischen Diagnose in Beziehung gesetzt werden. Hierbei handelte es sich um ein „klinisches Bild“ des Kranken und seiner Erkrankung, das sich aus der bewußten Wahrnehmung der Krankheitsgeschichte (Anamnese), aus physikalisch-chemischer Diagnose (Labor) und Untersuchung des

Johann Friedrich Meckel d. J. (1781–1833)

Patienten (Perkussion, Auskultation usw.) und der Leichenschau zusammensetzte. Zwischen 1800 und 1850 wurde Paris das führende Zentrum dieser klinischen Hospitalmedizin und medizinischen Forschung.

Hinzu kam das naturwissenschaftliche Experiment. In seiner 1806 veröffentlichten Arbeit ›Ueber die Schilddrüse, Nebenniere und einige ihnen verwandte Organe‹ versuchte Meckel, die Funktion dieser Organe und ihre Beziehung zueinander durch zwei experimentelle Versuche zu erfassen: durch die Zerstörung der Organe in lebenden Tieren und ihre vergleichende Untersuchung bei verschiedenen Tierarten. Auch wenn Meckels erste Methode im Fall der Nebennieren vorläufig aus technischen Gründen scheiterte, stellte dieser Versuchsplan jedoch für die Frage nach der Funktion der Nebennieren fast 100 Jahre lang die wesentlichste experimentelle Anordnung dar.

Zusätzlich konnte ab Mitte des Jahrhunderts durch Zuhilfenahme des Mikroskops die anatomische Untersuchung verfeinert werden. Insbesondere wurde die Monographie des Baseler Physiologen und Anatomen Alexander Ecker (1816–1887) über ›Der feinere Bau der Nebennieren beim Menschen und den vier Wirbelthierclassen‹ allgemein beachtet. Ecker unterschied die Nebennieren als sogenannte „Blutgefäßdrüsen“ im Gegensatz zu soge-

Rudolph Albert von Koelliker
(1817–1905)

nannten „wahren" Drüsen, mit denen er Drüsen mit einem Ausführungsgang meinte. Schließlich unterschied Rudolph Albert von Koelliker (1817–1905) 1852/54 zum erstenmal die hellere, weißlich-gelbe Nebennierenrinde vom dunkleren, braungelben Mark. Er vermutete auch bereits, daß beide Teile funktionell verschieden seien.

Die Addisonsche Krankheit

Die zweite Zielrichtung der neuen physiologisch-pathologisch orientierten Medizin, die klinische Beobachtung, führte zur Beschreibung und Abgrenzung neuer Krankheiten. Typisches Beispiel ist die Beschreibung der entzündlich bedingten chronischen Niereninsuffizienz durch Richard Bright (1789–1885). Mit den drei Symptomen: Wassersucht (Ödem), eiweißhaltiger Urin und granuläre Degeneration der Nieren waren zugleich klinische, chemische und anatomische Beobachtungen zur Beschreibung einer Erkrankung miteinander verbunden worden. Bright gehörte mit seinen Kollegen Thomas Addison (1793–1860), Thomas Hodgkin (1798–1896) und William Gull (1816–1890) zu einer Gruppe hochtalentierter medizinischer Forscher am Londoner Guy's Hospital.

1855 ließ Addison seine berühmt gewordene Monographie ›On the Constitutional and Local Effects of Disease of the Supra-renal Capsules‹ drucken. Diese Arbeit war nicht nur die erste um-

Thomas Addison (1793–1860)

fassende Beschreibung einer Nebennierenerkrankung, sondern war auch in ihrem grundsätzlichen Konzept über ihre Zeit hinaus mustergültig. Addison verband eigene klinische Beobachtung mit Sektionsbefunden und beschrieb anhand von elf Krankengeschichten das typische Erscheinungsbild der Nebenniereninsuffizienz: Blutarmut, allgemeine Abgeschlagenheit und Schwäche, schwache Herztätigkeit, Übelkeit und Erbrechen sowie Braunfärbung der Haut. Diese Symptome traten Addison zufolge „im Zusammenhang" mit einer krankhaften Veränderung der Nebennieren auf. In der Tat hatte Addison bis heute gültige klassische Symptome der Nebennierenrindeninsuffizienz genannt. Die Fälle wurden von ihm durch die klinischen Verlaufsberichte und Sektionsprotokolle dargestellt und auf guten Lithographien illustriert. Es hat der Forschungsgeschichte und dem Ruhm Addisons wenig Abbruch getan, daß sich heute bei einer Nachschau der dargestellten Fälle nicht alle als wirkliche Krankheitsverläufe einer Nebenniereninsuffizienz erweisen. Addison fehlten ja noch die Möglichkeiten einer feingeweblichen, histologischen Aufarbeitung der befallenen Organe. Addisons bester Schüler, Samuel Wilks (1824 bis 1911), akzeptierte nur vier der von Addison beschriebenen elf Fälle. Hauptursache der Nebennierenzerstörung war Tuberkulose oder Krebs. Insbesondere in England und Frankreich wurde die Addisonsche Mitteilung mit Anerkennung und Beifall aufgenommen. Noch im darauffolgenden Jahr schlug Armand Trousseau

(1801–1867) vom Pariser Hôtel-Dieu für die Erkrankung die Bezeichnung „Morbus Addisonii“, „Addisonsche Krankheit“, vor.

Die wissenschaftsgeschichtliche Bedeutung der Addisonschen Krankheitsbeschreibung lag in der konsequenten Anwendung des neuen physiologisch-pathologischen Erkenntniszirkels. In dem bemerkenswerten Vorwort zu seiner Schrift von 1855 begründete Addison seine Auffassung von einer rationalen Pathologie: „Wenn sich Pathologie zur Krankheit verhält wie Physiologie zur Gesundheit, so scheint der Schluß vernünftig, daß in jeder gegebenen Struktur oder in jedem Organ die Gesetze der Pathologie so festgelegt und deutlich sind wie auch die der Physiologie; und daß sich die besonderen Eigenschaften einer jeden Struktur und eines jeden Organs ebenso deutlich in den Symptomen der Krankheit ausdrücken wie in denen der Gesundheit.“ Dieser Satz führt uns unmittelbar zu den Grundsätzen der bis heute in der sogenannten Schulmedizin gültigen Krankheitslehre. Krankheit beruht demnach auf nicht normalen, pathologischen Veränderungen körperlicher Strukturen. Wie die Physiologie die normalen Lebensvorgänge durch Beobachtung und Experiment untersucht, kann nach dieser Einstellung ebenso eine rationale Pathologie durch Beobachtung und Experiment die Gesetzmäßigkeiten von Krankheit erforschen.

Kein Geringerer als der deutsche Pathologe Rudolf Virchow (1821–1902) hat gegen Addisons Arbeit erhebliche Kritik angemeldet. Virchow, von dem das strenge Postulat stammte: „Zuerst die Beobachtung, dann das Denken ohne Autorität, die Prüfung ohne Vorurteil“, stritt zwar einen Zusammenhang zwischen erkrankten Nebennieren und bronzefarbener Haut nicht ab, bezeichnete die Entdeckung jedoch als lediglich glücklichen Griff und eine Zufallsentdeckung. Ihm sei „kaum je etwas Unlogischeres vorgekommen“. Schließlich wetterte er gegen Addisons wissenschaftstheoretische Überlegungen und tadelte „das ganze hierbei von englischer Seite zutage geförderte Raisonnement“. In der Tat hatte Addisons Beobachtung die Lebenswichtigkeit der Nebennieren erwiesen. Doch darf nicht übersehen werden, daß außer der genialen Beobachtung eines Syndroms, d. h. eines Krankheitsbildes mit vielfachen Krankheitsäußerungen, so gut wie nichts über die Zusammenhänge der Symptome gesagt worden war. Weder der Frage nach der Funktion der Nebennieren noch der Therapie ihrer Erkrankung war man 1855 wesentlich nähergekommen.

2. FRÜHE THERAPIEVERSUCHE

Konzept einer kausalen Therapie

Trotz der völligen Unklarheit über die Funktion und Bedeutung der Nebennieren für den Organismus kam es bereits in der zweiten Hälfte des 19. Jahrhunderts zu einem verfrühten Einsatz von Nebennierenextrakten, d. h. von Auszugspräparaten aus tierischen Nebennieren. Diese Therapieform wurde von medizinisch-therapeutischen Spekulationen ebenso unterhalten wie von Geschäftsinteressen. Sie stand vor allem im Widerspruch zu der Forderung nach einer ursächlichen Therapie, die die medizinische Wissenschaft ab Mitte des 19. Jahrhunderts formulierte: die Notwendigkeit einer Heilung der Krankheitsursachen von der Wurzel her. Ab Mitte des 19. Jahrhunderts wurde die bis dahin tonangebende, beschreibende Pariser Hospitalmedizin durch das sogenannte „iatrotechnische Konzept" der Medizin abgelöst. Nach diesem neuen Verständnis waren die Lebensvorgänge ineinandergreifende physikalische und chemische Prozesse. Um den Organismus zu erforschen, mußte man ihn in seine Funktionsglieder zerlegen, diese in Experimenten (z. B. Tierversuchen) untersuchen und in Zahlenreihen, Kurven oder Diagrammen darstellen. Ziel der Nebennierenforschung mußte es nach diesem Konzept sein, die Funktionsabläufe der Nebenniere und ihr Zusammenspiel mit dem Gesamtorganismus zu klären, um darauf aufbauend die iatrotechnische Forderung nach einer Behandlung der Krankheitsursachen befriedigen zu können.

1856/57 versuchte der französische Physiologe Charles Edouard Brown-Séquard (1817–1894), durch zahlreiche Tierexperimente die Lebensnotwendigkeit der Nebennieren zu beweisen. Brown-Séquard hatte bei Hunden, Kaninchen, Katzen und Meerschweinchen eine oder auch beide Nebennieren entfernt. Aus dem bald eintretenden Tod der nebennierenlosen Tiere schloß er, daß die Nebennieren lebensnotwendig seien. Doch wurde diese an sich richtige These von anderen Forschern angeblich widerlegt. Der Tod der Tiere wurde durch die Schwere des operativen Eingriffs bei der Entfernung der Nebennieren erklärt und die ganze Frage

Charles Edouard Brown-Séquard
(1817–1894)

für weitere 20 Jahre als erledigt betrachtet. Erst gegen Ende des 19. Jahrhunderts wurde die Diskrepanz der Befunde durch die Forschungen Heinrich Stillings (1833–1911) über das kompensierende Wachstum einer belassenen Nebenniere, eines operativ belassenen Nebennierenrestes oder zusätzlicher Nebennieren erklärt.

Zur gleichen Zeit wie die Mitteilung von Brown-Séquard erschien eine Veröffentlichung von Félix Alfred Vulpian (1826–1887) über eine spezielle Anfärbbarkeit des Nebennierenmarks mit Eisenchlorid. 1865 berichtete der Göttinger Professor Friedrich Gustav Jakob Henle (1809–1885) über eine Färbereaktion des Nebennierenmarks mit chromsaurer Kalilösung. Die Bedeutung dieser Beobachtungen lag forschungsgeschichtlich darin, daß neben die feingewebliche Unterscheidung von Mark und Rinde nun auch chemische Untersuchungsmethoden traten. Sie waren der erste Schritt in Richtung einer chemischen Charakterisierung der Nebennierenrinde und des Nebennierenmarks.

Organotherapie

Ohne daß damit die Biochemie der Nebenniere auch nur annähernd aufgeklärt gewesen wäre, kam es jedoch schon auf diesem noch schwankenden Boden physiologischer und biochemischer Hypothesen zu extensiven Therapieversuchen mit Organextrakten. Der 1. Juni 1889 ist als das eigentliche Geburtsdatum der Lehre von der inneren Sekretion gewürdigt worden. Er war zugleich auch der Geburtstag des Geschäfts mit den Hormonen. An diesem Tag hielt nämlich der bereits 72jährige Brown-Séquard vor der Pariser Société de Biologie einen aufsehenerregenden Vortrag. Er berichtete, daß er sich mit Erfolg zur Auffrischung seiner geistigen und körperlichen Leistungsfähigkeit sechsmal ein Extrakt aus Meerschweinchenhoden unter die Haut injiziert habe. Wenn die Wirkung dieser Spritzenkur auch, wie wir heute vermuten müssen, vermutlich nur auf Autosuggestion beruhte, so machte sie jedoch Brown-Séquard mit einem Schlag nicht nur erneut potent, sondern auch berühmt. Er gehörte von nun ab zu den populärsten Männern seiner Zeit. Nicht ein wohlfundiertes, mühsam errungenes und wissenschaftlich begründetes Forschungsergebnis, sondern eine medizinisch-therapeutische Spekulation, die später von Geschäftsinteressen genährt werden sollte, rückte die Lehre von der inneren Sekretion plötzlich in den Mittelpunkt öffentlicher Aufmerksamkeit. Das «Extrait Brown-Séquardien» oder – wie es auch genannt wurde – das "Elixier of Life" wurde weltberühmt. Um die Jahrhundertwende war diese Form der Extrakttherapie, wie formuliert wurde, die „therapeutische Hoffnung der Mediziner von Cleveland bis Bukarest". Im Grunde handelte es sich bei der Organotherapie um die Renaissance einer archaischen Therapieform mit Organextrakten. Die Vorstellung, dem Körper eine lediglich fehlende oder von ihm nur ungenügend gebildete Substanz zu ersetzen, erleichterte die allgemeine Verbreitung. Hinzu kam die Vorspiegelung, daß diese Heilmethode von Männern der Wissenschaft aus physiologischer Kenntnis gewonnen und im Experiment erprobt worden sei. Die modernen Kenntnisse über das komplexe System innerer Kreisläufe und Regelmechanismen des menschlichen Organismus lassen uns jedoch heute erkennen, wie kurz diese Organotherapie griff, die irgendwo im Regelkreissystem des Körpers eine fehlende Substanz ersetzen wollte, ohne die eigentliche Ursache der gesundheitlichen Störung anzugehen. Im Gegensatz zur modernen Substitutionstherapie der Nebenniereninsuffizienz mit Kortikosteroiden fehlte der Organotherapie eine rational begründete wissenschaftliche Basis. Heilung verkam hierbei zu vulgärem Reparaturdenken, das seine Berechtigung aus trügerischen Sensations- und Erfolgsmeldungen in Gazetten bezog statt aus dem streng wissenschaftlichen Experiment. Nicht ein strenger Wissenschaft und Prüfung unterzogenes Therapiekonzept leitete die Nebennierentherapie ein, sondern, wie der Physiologe Verzár später im Geburtsjahr des Cortison noch kritisierte, „eine unkritische, exakt nicht faßbare, rein klinische Beurteilung".

Das Nebennierenmark-Hormon

Unter den auf dem Markt bald vielfältig angebotenen Organextraktpräparaten, aus so gut wie jedem Körperorgan und so gut wie für jede Krankheit, dürfte nur ein kleiner Teil einen wirklich therapeutischen Wert besessen haben. Die Behandlung von Krankheiten mit Beteiligung mehrerer Organe führte zu kritiklosen und bizarren Verordnungen von mehreren Organextrakten oder Extraktmischungen. Zwischen 1890 und 1892 etablierte sich die Therapie von Schilddrüsenerkrankungen mit tierischen Schilddrüsenextrakten. Ab 1892 wurde auch die Addisonsche Krankheit mit Nebennierenextrakten angegangen. Die wirkungsvollste Extraktionsmethode war die von William Osler (1849–1919), der frische Nebennieren von Schweinen benutzte, sie gekühlt hielt und mit Glycerin extrahierte. Diese Methode war sehr glücklich gewählt. Wie man erst 60 Jahre später wußte, enthielten Oslers Extrakte dadurch einen hohen Anteil von Rindenhormonen. Doch darf nicht übersehen werden, daß alle Nebennierenextrakte mehr oder weniger unkontrollierte Mengen von Adrenalin, dem hochpotenten Hormon des Nebennierenmarks, enthielten. Noch schlimmer: nach der Reinextraktion dieser stark blutdruckerhöhenden Substanz durch George Oliver (1841–1915) und Edward Albert Schäfer (1850–1935) in London 1894 galt Adrenalin zunächst als das natürliche Therapeutikum für Addisonkranke, und das ganze Nebennierenproblem wurde von den Klinikern als gelöst betrachtet.

Für die zunehmende Schnelligkeit der Forschung spricht, daß die Darstellung des Adrenalins neben der Londoner Gruppe gleichzeitig polnischen Forschern gelang (Cybulski und Szymonowicz). Parallel dazu bestimmte John Jacob Abel (1857–1938) 1897 in Cleveland die chemische Struktur des Markhormons, das er „Epinephrin" nannte. Kurz darauf, 1901, gelang sogar bereits die synthetische Herstellung des Adrenalins, wiederum an mehreren Orten gleichzeitg (Takamine in London, Aldrich in Amerika, von

Fürth und Stolz in Deutschland). Dieser Umstand gleichzeitiger Forschungsleistungen durch verschiedene Arbeitsgruppen und nicht mehr einzelne Forscher, gleichzeitig an verschiedenen Orten sollte sich zukünftig noch häufig wiederholen, so etwa beim Insulin oder den Rindenhormonen der Nebenniere. Sie waren Ergebnisse eines neuen, industriell bestimmten Forschungsbetriebes von Arbeitsteams in immer größer ausgelegten Laboratorien. Neben die forschenden Lehrstuhlinhaber und therapeutisch interessierten Kliniker traten Ende des 19. Jahrhunderts kommerziell interessierte pharmazeutische Firmen in das Geschäft der endokrinologischen Forschung ein. Vielfach war der nun entstehende Forschungswettlauf nur noch mit ihrer Unterstützung effektiv durchzuhalten.

Die Konfusion, die die zumeist wenig gerechtfertigte therapeutische Anwendung des rasch vermarkteten Adrenalins in der Nebennierenforschung anrichtete, war beträchtlich. Die adrenalinhaltigen Organextrakte oder auch das reine Adrenalin wurden freizügig, vor allem als gefäßverengende Blutstillungsmittel, aber auch bei Frühjahrskatarrh, Schnupfen und Heufieber bis hin zur Erreichung eines strahlenden Augenweiß für Schauspieler eingesetzt. Doch ließen sich die Wirkungen der Marksubstanz schwerlich mit den gleichfalls irrtümlich durch Adrenalin bekämpften Symptomen der Addisonschen Krankheit in Einklang bringen. Die Wirkungen des Adrenalins auf das autonome Nervensystem bestärkten die Anhänger der alten Neuralpathologie in ihrer Auffassung, daß die Addisonsche Krankheit „Folge einer Sympaticusaffection“ sei. Obwohl sich diese Auffassung letztendlich nicht durchsetzen konnte, war die erste Isolierung eines Nebennierenhormons als chemisch reine Substanz aber doch so beeindruckend und seine freie Verfügbarkeit auf dem Markt so wirkmächtig, daß sich die Adrenalintherapie des Morbus Addison auch dann noch halten konnte, als längst klar war, daß das Nebennierenmark nicht der lebenswichtige Teil der Nebenniere sein konnte, dessen Ausfall für die Addisonsche Erkrankung verantwortlich war.

3. LEBENSWICHTIGKEIT DER NEBENNIERENRINDE

Experimentelle Sicherung

Noch einmal war es die geradezu verbissene Arbeit eines einzelnen, die die Nebennierenforschung in neue Bahnen lenkte: Artur Biedl (1869–1933), damals noch in Wien, bevor er 1914 den Lehrstuhl für Pathologie an der Deutschen Universität in Prag übernahm, gelang es, die allgemeine Aufmerksamkeit wieder auf die Nebennierenrinde zu lenken. Biedl war der Prototyp eines Gelehrten: enorm belesen, wissend, kritisch und bis zur Arroganz seine Thesen vertretend, war er vielleicht der letzte, der noch die ganze historische und neuere Literatur zur Endokrinologie überblickte. Dazu paarte sich geniales Geschick in der Anordnung seiner Experimente. So entnahm Biedl beispielsweise die Nebennieren von Tieren in zwei getrennten Sitzungen. Er verlagerte sie zuerst außerhalb des Bauchfells, um sie dann später durch einen relativ kleinen Eingriff entfernen zu können. Dadurch konnte er dem Argument begegnen, der Eingriff sei für das darauffolgende Eingehen der Tiere verantwortlich und nicht das Fehlen der Nebennieren.

Artur Biedl (1869–1933)

Durch Untersuchungen an Knorpelfischen, bei denen Nebennierenmark und -rinde getrennt angelegt sind, kam Biedl schon 1899 in Italien zur Erkenntis, daß allein die Nebennierenrinde dieser Tiere lebensnotwendig sei. Mit scharfen Überlegungen und Versuchsanordnungen konnte er nun zeigen, daß das neue Adrenalin nicht die lebensnotwendige Substanz war. Das lebenswichtige „Hormon" – seit 1905 existierte dieser Begriff – mußte in der Rinde zu suchen sein. Konsequenterweise wandte sich Biedl gegen die Therapie des Morbus Addison mit Adrenalin und empfahl, bis zur Klärung der physiologischen Wirkung der Rindensubstanz weiterhin mit Präparaten aus dem ganzen Nebennierenorgan zu therapieren. Hierzu wurden frische, rohe Nebennieren, getrocknetes Nebennierenpulver und Tabletten sowie wäßrige Extrakte verabreicht.

Cortin-Extraktion

Die entscheidende Weichenstellung lautete aufgrund der Forschungen Biedls: lebenswichtiger Teil der Nebenniere ist die Rinde; die Physiologie der Nebennieren mußte aus ihrer Chemie erklärt werden. In seinem Lehrbuch der inneren Sekretion schrieb Biedl selbst, wie seine letzte Forderung der allgemeinen Veränderung physiologischer und pathologischer Anschauungen seiner Zeit entsprach: „Bis vor 20 Jahren waren allein die auf nervösem Wege vermittelten Organbeziehungen bekannt, und bis vor kurzem wurden nur diese als bedeutungsvoll gewürdigt . . . Früher galt jede Organkorrelation für nervös, heute werden sogar die nervösen Beziehungen als chemisch vermittelte betrachtet." Chemische Forschung war aber nicht mehr die Arbeit einzelner anatomischer Zergliederer, sondern vornehmlich die von Laboratorien. So fand denn auch die Nebennierenforschung seit den 20er Jahren zunehmend in spezialisierten Forschungslaboratorien statt. Ziel war die Gewinnung immer gereinigterer Extraktsubstanzen, um die chemische Struktur der Wirkstoffe selbst zu ermitteln. Der einmal eingeführte Therapiegebrauch dieser Substanzen, insbesondere zur Behandlung der Addisonschen Erkrankung, versprach gleichzeitig Gewinn und Ersatz der Forschungsausgaben. Wenn auch in unterschiedlichem Maß, dienten die neuen Laboratorien nicht nur der Forschung, sondern – ein Novum – auch der Medikamentenproduktion. Die medizinische Forschung trat – ohne diesen

Frank A. Hartman
(1883–1971)

Begriff strapazieren zu wollen – gleichsam in eine frühindustrielle Phase ein.

Wiederum fast gleichzeitig in mehreren Laboratorien gelang es ab Oktober 1927, verbesserte Extrakte aus der Rinde von Nebennieren herzustellen: „Interrenalin" (Stewart und Rogoff, Harvey Cushing Laboratory der Western Reserve University); „Cortin" (Hartman und Mitarbeiter, University of Buffalo); „Eschatin" (Swingle und Pfiffner, Princeton University, Cold Springs Harbor). Das „Cortin" von Frank A. Hartman (1883–1971) und Mitarbeitern war nahezu adrenalinfrei. „Cortin" bildete deshalb bis in die 40er Jahre hinein den Begriff für die Wirksubstanz der Nebennierenrinde schlechthin, die als lebensnotwendig ("essential to life") galt. Injektionen des Extraktes führten zu einer Lebensverlängerung nebennierenloser Tiere.

Cortin-Therapie

Ohne großes Zögern ging man nach wenigen Tierversuchen mit den neuen Extrakten rasch zu Therapieversuchen an Menschen über. Rogoff und Stewart behandelten schon 1929 mehrere offensichtlich nur leicht Erkrankte der Addisonpatienten mit oralen Extraktgaben. Leonard G. Rowntree von der Mayo-Klinik und Mitarbeiter therapierten seit 1931 mit subkutanen oder intravenösen Injektionen. Hartman und Mitarbeiter berichteten im selben Jahr über drei Behandlungsversuche mit subkutanen Gaben. Mit keinem Wort wurde dabei die Anwendung der Extrakte bei Menschen einer kritischen Fragestellung unterzogen. Dies ist um so bemerkenswerter, als mit der starken Aktivierung der Medikationen seit Ende des 19. Jahrhunderts auch die durch Medikamente ausgelösten (iatrogenen) Krankheiten wieder neu ins Bewußtsein getreten waren (z. B. infolge Sublimat, Karbolsäure, Jodoform, Salvarsan, Optochin, Sulfanol). Doch scheint die unausweichliche Tödlichkeit der Addisonschen Erkrankung zumindest in schweren Fällen einen raschen Behandlungsversuch gerechtfertigt zu haben. Zweifellos erleichterte auch die organotherapeutische Vorstellung, dem Organismus nur eine fehlende, ihm nicht fremde Substanz zu ersetzen, die Verschreibung der Rindensubstanzen. Die Gefahr solchen Vorgehens lag aber darin, daß eine einmal als letztmögliche Behandlung bei Sterbenden eingeführte Therapie bei ihrer Anwendung auf weniger gravierende Krankheitserscheinungen kaum einer erneuten kritischen Abwägung unterzogen wurde. Noch ein weiteres Moment beeinflußte den therapeutischen Einsatz der Rindenextrakte und -hormone in den kommenden 30 Jahren: in fast jedem Bericht über erste Versuche am Menschen findet sich der Hinweis auf den Mangel an Substanz zur Medikation, sei es aus finanziellen oder labortechnischen Gründen. Diese Nichtverfügbarkeit mußte aber nach den beobachteten Erfolgen bei sonst unbeherrschbaren Krankheiten die Begehrlichkeit auf das neue Medikament wecken. War die Substanz schließlich erhältlich und bezahlbar, stand der tendenziellen Ausweitung der Indikationen für diese so lange als äußerst wirkungsvoll bekannten Hormonsubstanzen, auf die man so lange gewartet hatte, wenig entgegen.

Im Bericht der Arbeitsgruppe um Hartman 1931 erwiesen sich die Extraktgaben bei einem der drei Addisonpatienten, einem 24jährigen Mann, angeblich als unzweifelhaft wohltuend. Doch verstarb der Patient nach fast achtmonatiger Behandlung an einer nicht mehr beherrschbaren Lungenentzündung. George W. Thorn (geb. 1906), der zu den Mitarbeitern um Hartman gehörte, wertet die Behandlung einer 38jährigen Addisonpatientin im September 1931 als die erste wirklich erfolgreiche Behandlung einer schweren Addison-Krise mit intravenös verabreichtem Nebennierenrindenextrakt. Bereits nach der ersten Injektion verschwand die Ruhelosigkeit der Patientin. Sie konnte durchschlafen und nahm an

Gewicht zu. Ihr Blutdruck stieg auf akzeptable Werte, die dunkle Hautpigmentierung wurde heller. Und eine weitere wichtige Beobachtung: die lange bestehende Ängstlichkeit und Depression der Patientin verschwanden. Wichtige Hinweise nicht nur für die Behandlung der Addisonkranken, sondern auch für die physiologische Wirkung des fraglichen Cortin-Hormons ergaben sich aus ersten Beobachtungen der Effekte auf den Kochsalz- und Kaliumhaushalt des Körpers.

1936 wurde in Deutschland folgende Behandlung der Addisonerkrankung vorgeschlagen: drei- bis viermal täglich Rindenextraktgaben, möglichst intramuskulär oder intravenös, bis zu 100 ccm/d; Behandlungsdauer, solange Zeichen der Nebenniereninsuffizienz bestünden. Damals gebräuchliche Extraktpräparate waren u. a. Pancortex, Cortidyn, Cortin und Iliren. Nebenwirkungen seien nicht bekannt. Zusätzliche Maßnahmen seien: Vermeidung von Anstrengungen, kohlenhydratreiche, fett- und eiweißarme Diät, zuckerhaltige Flüssigkeiten; oral, intravenös oder auch rektal verabreichte 5 %ige Dextrose in ½ oder 1 l physiologischer Kochsalzlösung; Vitamin-C-Gaben bis zu 200 mg täglich, rektale Alkalizufuhr und orale Einnahme von 5–10 g Kochsalz täglich; letzteres eine auch heute noch notwendige Zusatztherapie.

4. INTENSIVIERTE RINDENHORMONFORSCHUNG

Biochemische Laborarbeit

Da die Extraktionsmethoden weder besonders ergiebig noch unbegrenzt waren, mußte das nächste Ziel einer zweiten, intensivierten Phase der Rindenhormonforschung die Isolierung des Wirkstoffs und seine synthetische Herstellung sein. Diese Phase begann mit dem Einstieg des biochemischen Labors der Mayo-Klinik in die Forschungsarbeit. Seit ihrer Einrichtung im Jahre 1914 wurde die Biochemische Abteilung der Mayo-Klinik in Rochester, Minnesota, von Edward C. Kendall (1886–1972) geleitet. Kendall war 1914 als erstem die Reindarstellung und Kristallisation des Schilddrüsenhormons Thyroxin gelungen. Jedoch blieben die jahrelangen Versuche, die chemische Struktur des Thyroxin aufzuklären, vergeblich. (Kendall hielt die Substanz irrtümlicherweise für ein Tryptophanderivat.) Als die Struktur endlich 1926 von Charles Robert Harington (1897–1972) in London richtig identifiziert wurde, stellte die Mayo-Klinik ihre Forschungsarbeit zur Chemie der Schilddrüsenhormone ein.

Edward C. Kendall (1886–1972); um 1949

Kendalls erstes Labor in der Mayo-Klinik.

Es war nun offen, welche neuen Aufgaben sich das Laboratorium Kendalls stellen sollte. Auf dem Hintergrund der sich zuspitzenden Weltwirtschaftskrise von 1928–1932 war überhaupt nur noch ein besser ausgerüstetes Labor, wie das der Mayo-Klinik, in der Lage, sich einer größeren Forschungsaufgabe zu widmen. Ende 1929 hatte der ungarische Chemiker und spätere Nobelpreisträger Albert Szent-Györgyi (geb. 1893) für kurze Zeit Kendalls Labor für die Erforschung einer Substanz in Anspruch genommen, die er später als die Askorbinsäure Vitamin C identifizieren konnte. Für diese Forschungen war Rochester damals besonders geeignet, weil dort tierische Nebennieren, aus denen Szent-Györgyi seine Substanz gewann, bequem von den Schlachthöfen der Midwestern Meat-packing Companies bezogen werden konnten. Als Szent-Györgyi das Laboratorium Kendalls nach achtmonatiger Arbeit verließ und nach Ungarn zurückkehrte, konnten die zurückgelassenen Fleischwölfe, -mixer und sonstigen Apparaturen zur Zubereitung von Nebennierenextrakten anderweitig benutzt werden. Der günstige Standort und die einmal vorhandenen Geräte beeinflußten somit die Entscheidung. Wie eine Fabrik bei Absatzflaute die Produktion einer bestimmten Ware wechselt, stellte das Labor seine Maschinen nun auf die Erforschung der Nebennieren um. Kendall verband mit dieser Umstellung weit mehr als lediglich eine Produktion der bislang üblichen Extrakte, wie sie auch in der Mayo-Klinik eingesetzt wurden. Zweifellos garantierte auch die Behandlung der Addisonschen Erkrankung mit der Wirksubstanz der Nebennierenrinde bereits einen geschäftlichen Erfolg. Vertraut man jedoch Kendalls Autobiographie von 1971, so hatte der Forscher bereits 1930 weit höhere Ziele im Blick und erhoffte sich eine breite Anwendung ("wide application") des zu isolierenden Nebennierenrindenhormons für die klinische Medizin. Die neue Aufgabe, die Kendall sich und seinen Mitarbeitern stellte, lautete: die Wirksubstanz Cortin zu isolieren, chemisch zu definieren und dann nach Möglichkeiten einer teil- oder sogar vollsynthetischen Herstellung zu suchen.

Preisexplosion für tierische Nebennieren

Die Extraktgewinnung war bislang teuer und unergiebig. Aus einem Pfund frischer Nebennieren konnten lediglich 10 ccm Extraktflüssigkeit gewonnen werden. Aufgrund der steigenden Nachfrage für Nebennieren als Ausgangssubstanz für die Extrakttherapeutika und die chemische Forschungsarbeit stiegen die Preise für das Rohmaterial geradezu explosionsartig. Um die Jahrhundertwende wurden Nebennieren auf den Schlachthöfen in Amerika und Europa noch kostenlos abgegeben. 1934 kostete das Pfund Rindernebennieren bereits 20 Cents, um dann im Laufe der nächsten 15 Jahre den Wert bester Filetstücke, nämlich drei Dollar das Pfund, zu erreichen. Unter dem Preisdiktat der Schlachthöfe und Fleischmärkte wurde die Nebennierenforschung teurer und risikoreicher. Nur wenige Laboratorien und pharmazeutische Firmen verfügten über genügend finanziellen Spielraum, um die Nebennierenforschung durchzuhalten. Entscheidend für die Arbeit an der Mayo-Klinik wurde folglich auch ein Abkommen mit der pharmazeutischen Firma Parke, Davis & Co. in Detroit, zu deren Verkaufsprogramm Adrenalin gehörte. Während Adrenalin auf dem deutschen Markt dem von der I. G. Farbenindustrie in Hoechst in den Handel gebrachten „Suprarenin" vor allem aus Preisgründen unterlag, war der Absatz von Adrenalin in Nordamerika gegenüber dem dortigen „Epinephrin" marktbeherrschend geworden. Parke, Davis und Co. lag folglich an einer Steigerung der Adrenalinproduktion. 1934 schloß die Firma mit der Mayo Foundation einen Vertrag, nach dem die Firma an Kendalls Abteilung Nebennieren lieferte, aus deren Mark das Labor „reines Adrenalin" extrahieren und an die Firma abgeben sollte. Das Rindengewebe durfte das Labor für seine eigenen Forschungszwecke behalten. Der Vertrag sah die Lieferung von nicht weniger als 150 Tonnen Nebennieren vor, von denen Kendalls Labor bis 1941 115 Tonnen verarbeiten konnte. Ein weniger umfangreicher, jedoch ähnlicher Vertrag wurde mit den Wilson Laboratories in Chicago abgeschlossen. Damit war ein unüberwindliches Hindernis für die Forschungsarbeit aus dem Weg geräumt. Standen Kendalls Labor bislang wöchentlich nur 30 Pfund Nebennieren zur Untersuchung zur Verfügung, waren es jetzt 900 Pfund pro Woche. Dennoch verglich Kendall auch jetzt noch die Prozedur, mit einem Material zu beginnen, das einem „Hamburger" ähnele, um daraus wenige Milligramm von Kristallen abzutrennen, mit einer Perlensuche in der Tiefsee.

Darstellung der ersten Rindenhormone

Neben der Arbeitsgruppe um Kendall arbeiteten Mitte der 30er Jahre noch zwei weitere Forschergruppen an der Aufklärung und Synthese der Nebennierenrindenhormone: Joseph John Pfiffner (geb. 1903) war von der Princeton University an die Columbia University, New York, gewechselt, wo er mit Oskar Wintersteiner (geb. 1898) eine eigene Forschergruppe leitete. In der Schweiz arbeitete der Chemiker Tadeusz Reichstein (geb. 1897) an der Eidgenössischen Technischen Hochschule in Zürich. Nebennierenextrakte erhielt Reichstein, der wenig später an die Universität Basel berufen wurde und dort mit der Firma Ciba zusammenarbeitete, von der pharmazeutischen Industrie Organon in Oss, Holland, und von der Haco-Gesellschaft in Gümlingen bei Bern.

Alle drei Forschergruppen warteten ab 1936 geradezu Schlag auf Schlag mit weitreichenden Entdeckungen auf. Im Mai 1936 berichtete Reichstein über die den männlichen Geschlechtshormonen ähnliche Wirkung einer von ihm aus der Nebennierenrinde gewonnenen „Substanz G", die er im sogenannten Hahnenkammversuch nachgewiesen hatte. Damit war zum ersten Mal wahrscheinlich gemacht worden, daß die Nebennierenrindenhormone der chemischen Stoffklasse der Steroide angehörten. Noch im selben Jahr berichteten das Team um Kendall und das von Wintersteiner und Pfiffner über je fünf weitere isolierte Substanzen, Reichstein über sieben. Kurioserweise hatten alle drei Gruppen

Tadeusz Reichstein (geb. 1897)

ihre verschiedenen Substanzen mit Buchstaben bezeichnet, was zu nicht wenig Konfusion führte. So war das „compound F" von Wintersteiner und Pfiffner identisch mit der „Substanz Fa" bei Reichstein und dem „compound E" der Arbeitsgruppe um Kendall. Fast gleichzeitig – laut Reichstein waren Wintersteiner und Pfiffner die ersten – und unabhängig voneinander veröffentlichten alle drei Forschergruppen 1936 die Isolierung dieser Substanz, bei der es sich bereits um das später so genannte „Cortison" handelte. Doch wurde als Eigenschaft dieser Substanz lediglich erkannt, daß sie zwar qualitativ wie „Cortin" wirke, jedoch viel schwächer. Wintersteiner und Pfiffner benutzten zur Prüfung der Substanz zu geringe Dosen und wandten zudem einen Hundetest an, bei dem gerade diese Substanz nur geringe Wirksamkeit entfaltete. Ebenso verkannt blieb vorerst eine nur schwer herstellbare Substanz, die später den Namen „Cortisol" oder „Hydrocortison" erhielt. Sie wurde 1937/38 von Reichstein dargestellt. Die isolierten Hormonmengen waren zumeist zu gering, als daß eine ausreichende biologische und klinische Erprobung möglich gewesen wäre. Aus einer Tonne Nebennieren konnte Kendall beispielsweise nicht mehr als 600 mg compound E gewinnen. Gegen Ende 1936 veröffentlichte Reichstein die Isolation seiner „Substanz H", die im Labor des Organon-Direktors Ernst Laqueur (1880–1947) in Amsterdam getestet worden war und sich als besonders starkes Hormon erwiesen

Tab. 1: Synonyme der wichtigsten ersten Kortikosteroide

Substanzbezeichnungen der verschiedenen Arbeitsgruppen		Chemische Bezeichnung	Weitere (meist spätere) Synonyme
H B	(Reichstein 1936) (Kendall 1937)	Corticosteron	
F Fa E	(Wintersteiner 1936) (Reichstein 1936) (Kendall 1936)	17-Hydroxy-11-dehydro-corticosteron	Cortisone
M F	(Reichstein 1937) (Kendall 1937)	17-Hydroxy-corticosteron	Cortisol Hydrocortison
A	(Kendall 1937)	11-Dehydro-corticosteron	
Q	(Reichstein und Steiger 1937)	11-Desoxy-corticosteron	Elektrolytstoff-wechselhormon, DOC, Cortexon
S	(Reichstein und von Euw 1938)	17-Hydroxy-11-desoxy-corticosteron	Cortexolon

hatte. Wie Kendall berichtet, glaubte man aufgrund dieser pharmakologischen Tests endlich das lange gesuchte „Cortin" gefunden zu haben, weshalb man der Substanz den Namen „Corticosteron" gab. Alle übrigen Rindenhormone pflegte man zunächst nur als Abkömmlinge des Corticosterons zu bezeichnen.

Noch stärker wirkte im Tierversuch das 1937 von M. Steiger und Reichstein zunächst halbsynthetisch hergestellte Desoxycorticosteron. Lange beschäftigten sich Kendall und Mitarbeiter mit dem von ihnen 1937 dargestellten 11-Dehydrocorticosteron, das aber nur schwache Wirkung besaß. Als Zwischensubstanz der später so wichtigen Cortison- und Hydrocortisonsynthese erwies sich später die S-Substanz, Cortexolon, von Reichstein und von Euw.

Bis 1946 konnten 29 verschiedene Steroide aus tierischen Nebennierenrinden isoliert und chemisch definiert werden. Von der

Isolierung dieser Stoffe bis zur Kenntnis ihrer physiologischen Bedeutung war jedoch noch ein weiter Weg. Der therapeutische Einsatz der Rindenextrakte hatte zwar die Nebennierenrindenforschung gefördert und motiviert. Die schillernde Wirkung der Rindenextrakte mußte sich aber auf eine weitere Klärung geradezu verwirrend auswirken. Nur in unterschiedlichem Maß wurden die vielfachen Effekte der Gesamtrindenextrakte auch von den isolierten neuen Einzelsubstanzen erfüllt. Hinzu kamen labortechnische Schwierigkeiten. Die modernen Hilfsmittel der Flammenphotometrie, Elektrophorese, Chromatographie und Radioisotopenbestimmung hielten erst nach dem 2. Weltkrieg Einzug in die Laboratorien. Es fehlte somit sowohl an chemisch-physikalischen Unterscheidungsmöglichkeiten der Einzelsubstanzen wie an plausiblen Vorstellungen eines physiologischen Grundmodells von der Wirkungsweise der Rindenhormone.

In der sogenannten „amorphen Fraktion" der Chemiker, d. h. in der Restsubstanz, die nach Abtrennung aller kristallisierbaren Anteile übrigblieb, verbarg sich noch lange eine unbekannte Substanz von höchster Wirksamkeit auf den Mineralhaushalt des menschlichen Körpers. Erst in den 50er Jahren wurde das unbekannte Hormon der amorphen Fraktion als das Aldosteron identifiziert. Aber dies ist der geschichtlichen Entwicklung weit vorgegriffen. Von den in den 30er Jahren isolierten Steroiden erwiesen sich nur sechs als wirkungsvoll. „Wirkungsvoll" hieß beim damaligen Stand der Dinge, daß sie mehr oder weniger über eine dem Cortin ähnliche Wirkung verfügten und zumindest experimentell einige der Erscheinungen der Nebenniereninsuffizienz beheben konnten.

Tierexperimente

Wie schon in der früheren Nebennierenforschung war die Überprüfung und Standardisierung der neuen Hormonsubstanzen an umfangreiche Tierversuche gebunden. Diese Methode, die Wirkung von Substanzen an Tieren zu erproben, ist heute in der Öffentlichkeit umstritten. Sie war in der Endokrinologie des 17. und 18. Jahrhunderts aufgekommen. 1906 und 1909 wurden die ersten Inzuchtstämme von Meerschweinchen und Mäusen für Forschungszwecke gezüchtet. Im Zusammenhang mit der Nebennierenforschung lassen sich grob zwei Arten von Tierversuchen unterscheiden: eine ältere Reihe von Tierversuchen sah den Tod der

Tiere oder die Opferung einer Kontrollgruppe vor. Sie unterschieden sich von anderen, jüngeren Tierexperimenten, bei denen einzelne Meßgrößen, wie Ausscheidungen, Blutzusammensetzung oder Arbeitsleistung, gemessen wurden, und zwar entweder zur Feststellung von Wirkungen und Nebenwirkungen bestimmter Substanzen oder zum Wirkungsvergleich der verabreichten Stoffe untereinander.

Zu den Tierversuchen der älteren Generation gehörten die bereits geschilderten Versuche, Tieren die Nebennieren zu entfernen (Adrenalektomie). Diese Versuche schlossen, wie Biedl 1902 vor seinen Studenten taktvoll formulierte, den „Niedergang der somatischen Beschaffenheit" der Tiere mit ein. Der Tod der adrenalektomierten Tiere sollte ja der Beweis für die Lebenswichtigkeit der entfernten Nebennierenrinde sein. Ähnliche Versuche waren auch bei der Erforschung anderer endokriner Organe üblich. So berichteten G. Ascoli und T. Legnani beispielsweise 1902 über die Entfernung von Hirnanhangsdrüsen (Hypophysektomie) an jungen Hunden. 70mal wurde aus jeweils einem Wurf ein Hund hypophysektomiert, ein anderer nicht. Der Tod der hypophysektomierten Tiere trat zumeist nach zwei bis drei Tagen ein. Bei den wenigen Hunden, die die Organentnahme länger überlebten, beobachteten die beiden Forscher eine sofortige Wachstumshemmung, verzögerte Knochen- und Zahnbildung sowie eine Hemmung der Geschlechtsreifung.

Eine andere Zielsetzung verfolgten die Tierversuche der Nebennierenforschung seit den 30er Jahren. Eine sogenannte „Hunde-Einheit" sollte eine Vergleichsgröße für Extraktpräparate untereinander darstellen. Diese Methode schloß ebenfalls noch den Tod der Tiere als Meßrelation ein. Dabei handelte es sich um die tägliche Dosis Rindenextrakt pro Kilogramm Körpergewicht, die notwendig war, um einen adrenalektomierten Hund am Leben zu halten. Da dieses „Hundeleben" im doppelten Sinne sehr vom Pflegezustand der Tiere abhing, war die Meßgröße völlig unzureichend.

Die Vielzahl verschiedener Tests und ihrer Modifikationen, die als Meßgröße für „Cortin" und die isolierten Einzelsubstanzen entwickelt wurden, verrät, daß eine überzeugende Lösung nicht erreicht wurde. Manche Versuchsanordnung maß nicht das, was sie hätte messen sollen. Eine 1930 entwickelte Methode, nach der eine Einheit Cortin jene Menge darstellte, die nötig war, um unter festgelegten Bedingungen eine normale Wachstumsrate adrenalektomierter Ratten zu erhalten, maß stärker die Wirksamkeit der Mineralo- als der Glukokortikoide der Nebenniere, ohne daß man diese Unterscheidung schon gekannt hätte (vgl. S. 36 und Kap. 10). Ebenso war es mit dem Schwimmtest an Ratten, der Titrierung am Enterich, dem Natrium-Retentions-Test an Ratte und Hund und mit der Urämie-Messung bei adrenalektomierten Hunden.

Wie entscheidend sich geringe Änderungen am Versuchsaufbau auswirken konnten, beweist ein Vergleich zwischen dem 1932 von den Niederländern Everse und de Fremery entwickelten Muskelreizungstest an nebennierenlosen Ratten und dem amerikanischen "muscle-work-test" von 1936 (Ingle). Ersterer maß die Bewegungsunfähigkeit eines Muskels nach kurzer elektrischer

Tab. 2: Wirkungsvergleich von Cortexon, Corticosteron und 17-Oxycorticosteron (= Hydrocortison) nach verschiedenen Testmethoden (nach Reichstein 1954).

Testmethode	Cortexon	Corticosteron	17-Oxycorticosteron
1. Überlebenstest (Ratte)	++++	++	+
2. Na-Retention (Ratte, Hund) „Mineralstoffwechsel“	++++	++	–
3. Urämie nach Adrenalektomie (Hund)	++++	++	+
4. Everse-de-Fremery-Test (Adynamie nach kurzer Muskelreizung)	++++	++	+
5. Ingles Test (Adynamie nach langer Muskelreizung)	±	++	++++
6. Deponierung von Leberglykogen	±	++	++++
7. Anti-Insulin-Test	±	++	++++
8. Entzündungshemmende Wirkung (Mensch)	±	±	++++

Reizung, der andere Test den nach langer Reizung. In beiden Tests erwiesen sich aber unterschiedliche Rindenhormone als besonders effektiv, nämlich im niederländischen Test ein Mineralkortikosteroid und im amerikanischen Test ein Glukokortikosteroid (vgl. Tab. 2).

Vergleichbare Hormon-Einheiten ließen sich nur durch Gabe von Rindensubstanzen in steigender Dosierung bis zum Erreichen eines gleichen Effektes benennen. Noch 1951 waren 7 verschiedene Tierversuch-Einheiten gebräuchlich, bevor die Konstitutionsaufklärung und sichere Herstellung reiner Substanzen zur Einführung von Gewichtsangaben führten: beispielsweise war eine Ratten-Einheit im sogenannten „Kältetest" diejenige Hormonmenge, die erforderlich war, um sechs von neun nebennierenlosen Ratten mit standardisiertem Gewicht bei einer Temperatur von -5 bis $+2$ °C während 24 Stunden am Leben zu halten. Eine Ratten-Einheit nach Everse und de Fremery war die tägliche Minimaldosis, die innerhalb von vier Tagen bei der nebennierenlosen Ratte eine Normalisierung der Muskelkraft herbeiführte. Eine Ingle-Einheit war in derjenigen Menge eines Präparates enthalten, die im muscle-work-test dieselbe Wirkung ausübte wie $2 \times 0{,}2$ mg Cortison.

Eine andere Gruppe von Tierversuchen war schließlich die Überprüfung von Rindenhormonen bezüglich ihrer Wirkung. So wurden z. B. in zahlreichen Experimenten Tiere durch künstlich zugefügte Verletzungen oder giftige Injektionen in Schockzustände gebracht, um die Möglichkeiten einer Schockbehandlung mit Nebennierensubstanzen zu überprüfen. Schwangere Tiere erhielten Rindenhormone, um Nebenwirkungen auf die Entwicklung des Nachwuchses auszuschließen.

Bei der Wertung dieser Versuche wird man heute in Erwägung ziehen müssen, daß es eine wirkliche Alternative zur quantitativen Wirkungsbestimmung der Nebennierensubstanzen vorerst nicht gab. Erst recht gäbe es auch heute noch zur qualitativen Wirkungsbestimmung dieser Hormone keine andere Alternative als den Verzicht auf diese Substanzen. Selbst vom Standpunkt des iatrotechnischen Konzepts der Medizin her muß aber gefragt werden, ob ein anders strukturierter und koordinierter Forschungsbetrieb nicht zur Einsparung unsinniger, überflüssiger Tierversuche hätte führen können, von denen hier nur ein Bruchteil erwähnt wurde.

Klinische Studien

Es ist interessant zu beobachten, wie die Kriterien und Bedingungen der Tierversuche im Laufe der Forschungsentwicklung unseres Jahrhunderts kontinuierlich auf Versuche an Menschen übertragen wurden. Ein Beispiel dafür ist die Arbeit von Hartman und Mitarbeitern aus dem Jahre 1931. Die Wissenschaftler berichteten zunächst über die Wirksamkeit ihres „Cortins" in Tierexperimenten ("animal experiments"), um anschließend die dort gewonnenen Ergebnisse in klinischen Studien ("clinical studies") an Menschen zu verifizieren. Ebenso wie die durch das Cortin-Extrakt bei Wohlbefinden gehaltenen jungen Katzen wurde auch die klinische Besserung eines 24jährigen Addisonpatienten durch Fotografien dokumentiert und durch einen Belastungstest objektiviert. Der junge, todkranke Patient verbrachte viele Stunden seiner letzten acht Lebensmonate mit der Vorbereitung und Durchführung dieses Tests zum Wohle der Wissenschaft. In dem Versuch wurde die Ermüdung seines Mittelfingers gemessen, mit dem er ein Gewicht zu bewegen hatte. Um die möglichst niedrige, noch wirksame Dosierung des Cortins zu erfahren, wurde die Dosis so lange reduziert, bis es zu einem Rückfall kam. Der Patient mußte erneut notfallmäßig aufgenommen werden. Ungarische Pädiater (Kinderärzte) standardisierten schließlich 1937 ihre Nebennierenrindenextrakte an gesunden Kindern.

Mit dieser Erforschung und Erprobung an Menschen war ein höchst brisanter Konfliktstoff geboren. Der Rollenkonflikt des Arztes als Heiler und Helfer auf der einen und als Forscher auf der anderen Seite darf als ein Grundkonflikt ärztlicher Tätigkeit in unserem Jahrhundert bezeichnet werden. Angesichts des rapiden Fortschritts medizinischer Forschung konnte das Idealbild des „forschenden Arztes", die Integration beider Rollen auf Dauer nicht durchgehalten werden. William James Mayo (1861–1939), einer der Gründer der Mayo-Klinik, vertrat die Auffassung, eine Klinik habe sich nicht nur durch ihren Dienst an den Kranken, sondern auch durch ihre treibende Kraft auf den medizinischen Fortschritt zu rechtfertigen. Mayo schätzte seinen jüngeren Chefchemiker Kendall wegen seiner wissenschaftlichen und zugleich visionären Entdeckungsfreude. Noch 1944 beschwor der amerikanische Endokrinologe Fuller Albright (1900–1969) in einem Vortrag über die Pflichten und Grenzen klinischer Forschung die Integration der Rollen des Forschers und des Arztes in einer Person. Die

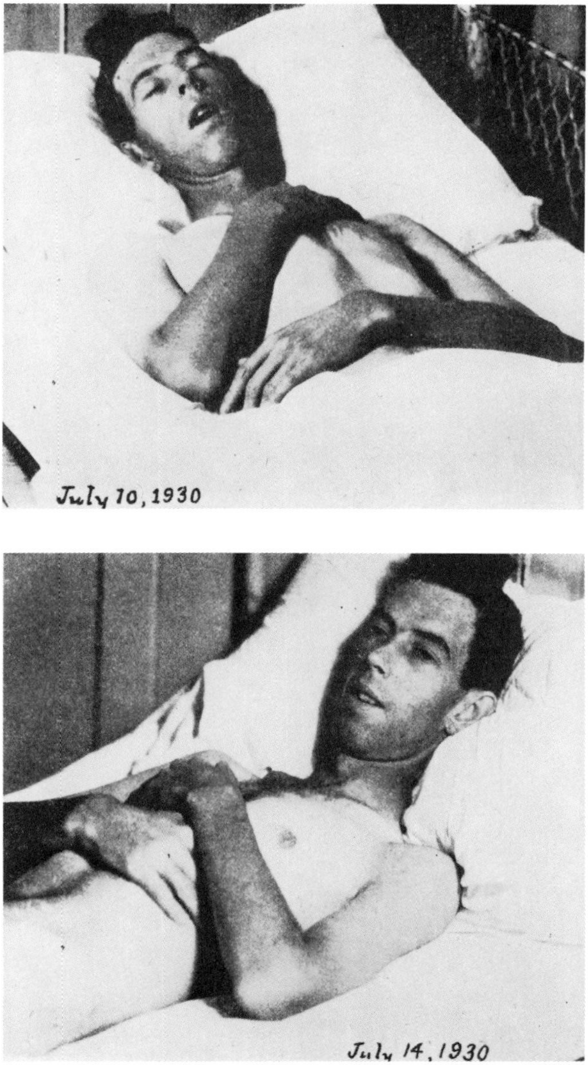

Junger Addisonpatient, oben vor und unten nach Cortin-Gabe.

Die Mayo-Klinik in Rochester.

Natur selbst habe im kranken Patienten ein Experiment arrangiert, das nur die Augen des Klinikers und das wissenschaftliche Denken des Forschers wahrnehmen und verstehen könnten. Der in der Klinik tätige Arzt müsse immer Kliniker und Forscher zugleich sein. In einer bemerkenswerten Einleitung zum endokrinologischen Kapitel des amerikanischen ›Textbook of Medicine‹ wandte sich Albright wenig später gegen die aufkommende Trennung von medizinischer Praxis und Theorie. Doch gingen diese beschwörenden Postulate bereits an der Wirklichkeit vorbei: der Wunsch, Schmerzen zu lindern, formulierte der bereits erwähnte Nobelpreisträger Szent-Györgyi, habe in der Forschung wenig Wert. Wer diesen Wunsch hege, dem sollte man raten, Werke der Barmherzigkeit zu vollbringen. Die Forschung brauche Egoisten, verfluchte Egoisten, die auf eigenen Genuß und Befriedigung aus seien und sie bei der Lösung naturwissenschaftlicher Fragen fänden. Hier wurde nichts mehr beschönigt, verbunden oder geglättet. Der Arzt sei entweder Helfer und Heiler oder ein besessener und blinder medizinischer Forscher. Von hier aus war es nicht mehr weit bis zur Aussage eines Sachverständigen beim Nürnberger Ärzteprozeß 1946/47. Dieser glaubte auf Befragen der Verteidigung

„ganz eindeutig“ unterscheiden zu müssen „zwischen dem Arzt als Therapeuten, dem Heilarzt, und dem Arzt als Forscher“. „Für jeden von ihnen“ würden „andere Gesetze bzw. andere Abschnitte des hippokratischen Eides gelten“.

5. DIE DESOXYCORTICOSTERON-ÄRA

Angesichts der bereits isolierten, hormonell wirksamen Rindensubstanzen mußte die erste Frage lauten, ob es sich hierbei um verschiedene, durch chemische Trennungsmethoden künstlich erzeugte Fraktionen des einen Cortin-Hormons oder um mehrere selbständige Hormone handelte. Etwa ab 1940 wurde diese Frage von der Arbeitsgruppe um Kendall und anschließend von den meisten übrigen Forschern dahingehend beantwortet, daß nicht ein einzelnes Hormon für alle physiologischen Wirkungen der Nebennierenrinde verantwortlich gemacht werden konnte. Demgegenüber vertrat zuletzt nur noch Friedrich Verzár (1886–1979), wie Reichstein Lehrstuhlinhaber in Basel, weiterhin die Hypothese eines einheitlichen Hormons. Noch in seinem Lehrbuch der inneren Sekretion von 1948 diente das ganze Nebennierenkapitel dem Beweis seiner „unitaristischen Auffassung", wonach Desoxycorticosteron alle Eigenschaften des Cortins besaß, auch auf den Kohlenhydratstoffwechsel.

Bereits 1940 konnten Thorn und Mitarbeiter eine kleine Menge des späteren Cortison, Kendalls compound E, und Desoxycorticosteron in ihrer Wirkung mit einem Vollextrakt der Wilson Laboratories, Chicago, unter gleichen Bedingungen an Addisonpatienten erproben und vergleichen. Es war das erste Mal, daß compound E einem Patienten verabreicht wurde. Insbesondere fiel auf, daß die Verabreichung von compound E (17-Hydroxy-11-Dehydrocorticosteron) im Gegensatz zum Desoxycorticosteron zu einer deutlicheren Anhebung des Blutzuckerspiegels und sogar zur Zuckerausscheidung im Urin führte. Doch erlaubten erst spätere Untersuchungen Hans Selyes (1907–1982) die griffige Unterteilung der Rindenhormone in „Glukokortikosteroide" und „Mineralokortikosteroide", d. h. die Unterscheidung zwischen Rindenhormonen, die stärker auf den Kohlenhydratstoffwechsel oder mehr auf den Wasser- und Elektrolythaushalt einwirken. Desoxycorticosteron, so wurde entdeckt, konnte die Kohlenhydratstoffwechselstörungen der Addison-Kranken nicht normalisieren. Obwohl die volle Substitution des Nebennierenrindenausfalls beim Morbus Addison theoretisch erst durch Gaben beider Hormongruppen, der Mineralo- und Glukokortikosteroide gewährleistet sein konnte, blieb jedoch die Therapie mit 11-Desoxycorticosteron vorläufig aus Kostengründen die einzige Therapieform dieser Erkrankung. Desoxycorticosteron wurde das einzige in nennenswertem Umfang therapeutisch eingesetzte Rindenhormon der 40er Jahre. Die Substanz war vergleichsweise leicht und preiswert zu synthetisieren, während kein anderes Kortikosteroid in dieser Zeit voll- oder halbsynthetisch hergestellt werden konnte. Bisher war ansonsten nur die Teilsynthese von Steroiden aus Cholesterin, Gallensäuren oder anderen Naturprodukten gelungen.

George W. Thorn von der Harvard Medical School avancierte zum Führer der klinischen Anwendung und Erforschung dieser Substanz, für die sich in Amerika die Abkürzung DOC bzw. für die vorwiegende Azetatform DCA einbürgerte. Die Anwendung einer wenn auch unzureichenden, aber in jedem Fall kontrolliert wirksamen Substanz war den inhaltsunsicheren Extraktpräparaten immer noch vorzuziehen. Thorn empfahl die Anwendung von Extraktpräparaten lediglich bei krisenhaften Krankheitsverläufen. 1942 brachte die Firma Ciba in Basel das wasserlösliche Desoxycorticosteron-Glykosid DOCA (Docaquosum, Percorten hydrosolubile C usw.) auf den Markt, das bei akuter Rindeninsuffizienz intravenös gespritzt werden konnte.

1940 berichtete Thorn über den Fall einer durch DCA hervorgerufenen, auf Kaliummangel beruhenden hypokalämischen Lähmung. Es war der erste publizierte Fall einer therapeutisch bedingten Schädigung mit einem reinen Kortikosteroid. Die Anwendung erfolgte in Tablettenform zum Schlucken oder Zergehenlassen unter der Zunge, als intramuskuläre oder subkutane Injektionen einer Lösung mit Sesamöl oder mittels unter die Haut implantierter Kügelchen. Diese gaben das Hormon über Tage hinweg kontinuierlich ab und mußten nur etwa alle acht bis zwölf Monate erneuert werden. Die Implantate waren praktikabler und für die Patienten erträglicher als tägliche Injektionen. Implantate mit dem später so genannten Cortison oder Cortisol, so fiel auf, waren ungeeignet, da die Operationswunde nicht verheilte.

Im Vordergrund der Therapie in Europa standen die Desoxycorticosteronazetat-Präparate Percorten von Ciba, DOCA von Organon, Cortilen Bayer von der I. G. Farbenindustrie und Cortiron von Schering. Bei einer intramuskulären oder subkutanen Injektionsbehandlung von 5 mg pro Tag kostete z. B. eine Behandlung mit letzterem Präparat im Nachkriegsdeutschland 2 RM täglich.

Eine beliebte Zusatzmedikation bestand in reichlichen Vitamin-C-Gaben.

Fast alle historischen Bemerkungen zur Geschichte des Cortison werten bis heute die Entdeckung der antirheumatischen Wirkung 1948/49 als entscheidenden, dramatischen Wendepunkt der Nebennierenforschung. Solche Interpretationen unterschätzen jedoch nicht nur die bis dahin durchaus lebhafte endokrinologische Forschungsentwicklung, sondern übersehen die Kontinuität der zuvor breit etablierten Therapieformen mit Rindenextrakten und insbesondere mit Desoxycorticosteron. Sie unterschätzen zudem die Bedeutung, die in der Vermarktung dieser Substanzen lag. Für die Ärzte der sogenannten zivilisierten Welt war die Nebennierenrinden- und Kortikosteroidtherapie bereits vor Cortison eine Gewohnheit. Dabei kann nicht übersehen werden, daß mit der räumlichen Entfernung von den Hochburgen der endokrinologischen Forschung auch die Bereitwilligkeit zur Ausweitung der Indikationen wuchs.

Dies gilt auch für die deutschsprachige Fachliteratur, die noch vor dem 2. Weltkrieg ein buntes Bild sinnvoller, aber auch irrationaler Indikationsstellungen für die damals bekannten Rindenextrakte bot: Magersucht, akute Infektionskrankheiten wie Diphtherie, Typhus, Lungenentzündung, länger dauernde Fieberverläufe, eitrige Infektionen sowie chronische Infektionskrankheiten, wie insbesondere Lungentuberkulose mit Befall der Nebennieren. Ferner: Schuppenflechte, Sklerodermie, endogene Psychosen, Wachstumsstörungen, Knochenmarksinfektion, Muskelschwund, Schwangerschaftserbrechen, Leberzirrhose, deformierende Arthritis, Blutarmut, Krebstherapie . . . eine bunte Mischung also von Indikationsstellungen, die sich später nur zu einem Bruchteil behaupten konnten. Im Verzárschen Lehrbuch von 1948 finden sich als weitere Indikationen: Gastroenteritis, renaler Diabetes, Nebennierenrindeninsuffizienz bei Schwangeren, Schock und am Rande erwähnt das hypophysäre Myxödem und das Waterhouse-Friderichsen-Syndrom.

Als besonders verhängnisvoll erwies sich die Mitte der 30er Jahre eingeführte Indikation des „Addisonismus“, d. h. einer weniger ausgeprägten, nicht tödlichen Nebennierenrindeninsuffizienz, die das Tor zu einem völligen Mißbrauch der Rindenhormone öffnete. Nunmehr wurde ihre Anwendung auch empfohlen bei frühzeitiger Vergreisung, Altersbeschwerden, mangelhaftem Muskeltraining, verzögerter Rekonvaleszenz, Vergiftung durch chemische Kampfstoffe, Verbrennung, Wundschock, Eklampsie und Schwangerschaftstoxikosen, chronischer Enteritis, Sprue, Coeliakie, vorzeitigem Haarausfall, Status lymphaticus, Myasthenie, Akne rosacea, Morbus Paget, progressiver Muskeldystrophie, Nephrose, sogenanntem „Röntgenkater" usw. In dem allerdings populärwissenschaftlichen Buch von Gerhard Venzmer: ›Deine Hormone – Dein Schicksal?‹, das sich gut in das Konzept völkisch-rassistischer Anschauungen einpaßte und in der Zeit des Nationalsozialismus viele Auflagen erlebte, ist die bunte Palette noch um die Indikationen: „allgemeine Muskelschwäche", „leichte Ermüdbarkeit", „Unverträglichkeit gegenüber Hitze und Kälte" und „übermäßige Körperbehaarung" erweitert. Nach der Auffassung desselben Verfassers in ›Körpergestalt und Seelenanlage‹, einem ›Überblick über die biologische Verwandtschaft zwischen Körperform und Wesenskern des Menschen‹ erzeuge eine „zu geringe Tätigkeit der Nebennieren . . . lang aufgeschossene, magere Menschen mit mangelhaft arbeitendem Blutkreislauf; sie pflegen ebenfalls überempfindlich zu sein und zu Verstimmungen zu neigen, während ein Zuviel an Nebennieren-Hormon den Typ schafft, den man allgemein als ‚vollblütig' bezeichnet". 1940 meinte ein deutscher Autor, die Bedeutung des Nebennierenrindenhormons für die körperliche Leistungsfähigkeit insgesamt bewiesen zu haben. Und in einem Aufsatz der deutschen Ärztlichen Wochenschrift, der weit unter dem theoretischen Niveau der internationalen Fachliteratur lag, wurde 1948 als „experimentell hinreichend fundiert" hingestellt, „das jetzt zugängliche synthetische Desoxycorticosteron bei allen hypotonen Zuständen anzuwenden . . ., sei es bei der mehr oder minder ausgesprochenen Labilität des Kreislaufs bei Infektionskrankheiten, sei es in der verzögerten Rekonvaleszenz, z. B. auch bei Grippe". – Heute gilt „Addisonismus" als zu vermeidende Diagnose; eine Hormontherapie ist kontraindiziert.

6. DIE ENTDECKUNG DER HORMONSTEUERUNG

Wesentliche Beiträge für das Verständnis der physiologischen Rolle der Nebennierenhormone im Organismus beruhten auf der Arbeit Hans Selyes (1907–1982). Selyes Ausgangsfrage, die ihn nach seinen Worten bereits als jungen Studenten und Schüler Artur Biedls an der Deutschen Universität in Prag beschäftigte, lautete, was Krankheit an sich sei. Eine erste Antwort formulierte Selye 1936 in einer zunächst wenig beachteten Zuschrift an die Zeitschrift ›Nature‹. Aufgrund von Tierexperimenten an der biochemischen Abteilung der McGill University in Montreal hatte er herausgefunden, daß unterschiedliche Krankheitsursachen eine durchaus stets gleichförmige Krankheitsreaktion des Organismus hervorriefen. Terminologisch nicht ganz exakt nannte Selye solche unspezifischen Krankheitsursachen "stress". Auf Streß unterschiedlichster Art, wie Belastungen durch Kälte, Hitze, Infektionen, Vergiftungen, Hunger, körperliche oder psychische Traumata, versuche der Körper in einer ständig gleichförmig verlaufenden Reaktionsweise zu antworten. Er versuche sich anzupassen. Für diesen Vorgang prägte Selye den Begriff des "general adaptation syndrome" („Allgemeines Adaptationssyndrom"), das durch drei charakteristische Phasen gekennzeichnet sei: 1. Schock und Reaktion des Körpers mit Gegenschock; 2. zunehmende Widerstandsfähigkeit des Körpers mit optimaler Anpassung; 3. Erschöpfung und Verlust der Anpassungsfähigkeit.

Als das für diese Adaptation am stärksten verantwortliche Organ erkannte Selye die Nebenniere. Diese sei einem komplizierten hormonellen Regelmechanismus unterworfen. Die Nebennierenrinde war demnach nur ein Teil der sogenannten Hypophysen-Nebennieren-Achse unter Steuerung des Adrenocorticotropen Hormons (ACTH). Die historische Bedeutung Selyes für die Forschungsgeschichte, die schließlich zum Cortison führen sollte, lag in dem Hinweis auf dieses Regelkreissystem als zentralem, für das innere Gleichgewicht des Organismus verantwortlichem Organsystem. Mit einigen Beiträgen lagen die Forschungen Selyes mitunter so nahe an den später als medizinische Revolution gefeierten Ergebnissen, daß es verwundert, warum es beispielsweise nicht

Hans Selye (1907–1982)

wesentlich früher zur Erkenntnis der rheuma-therapeutischen Wirkung der Rindenhormone kam. Mehrfach wiesen experimentelle Untersuchungen Selyes, aber auch anderer Forscher (z. B. de Gennes, Menkin) noch vor 1948 auf die bedeutenden Zusammenhänge zwischen den Nebennierenrindenhormonen und Arthritis hin.

Für die Kenntnis der hormonellen Zusammenhänge zwischen Hypophyse und Nebennieren waren zusätzlich vor allem jene Untersuchungen bedeutsam, die von Harvey William Cushings (1869–1939) Erstbeschreibung des basophilen Hypophysenadenoms (1932) ausgingen. Allerdings konnte das damit verbundene Krankheitsbild bald auch auf andere Ursachen zurückgeführt werden. Fuller Albright sprach 1943 deshalb von "Cushing's Syndrome" als einem typischen klinischen Bild unterschiedlicher Ursachen. Für die Diagnose eines Cushing-Syndroms sollte der Patient an einem Insulin-resistenten Diabetes, an Muskelschwäche und Osteoporose (Verminderung der Knochendichte) leiden. Als zusätzliche Symptome wurden erkannt: leichte Einblutungen der Haut, eine dünne Haut, eine niedrige Widerstandskraft gegenüber Hautinfektionen, ein „Mondgesicht", das Ausbleiben der Monatsregel und Verlust des Geschlechtstriebes, vermehrte Behaarung ohne andere Zeichen der Vermännlichung, Hochdruck und Gefäßerkrankung von Herz und Nieren. Mit dem Cushing-Syndrom war bereits jener krankhafte Zustand der Überfunktion der Neben-

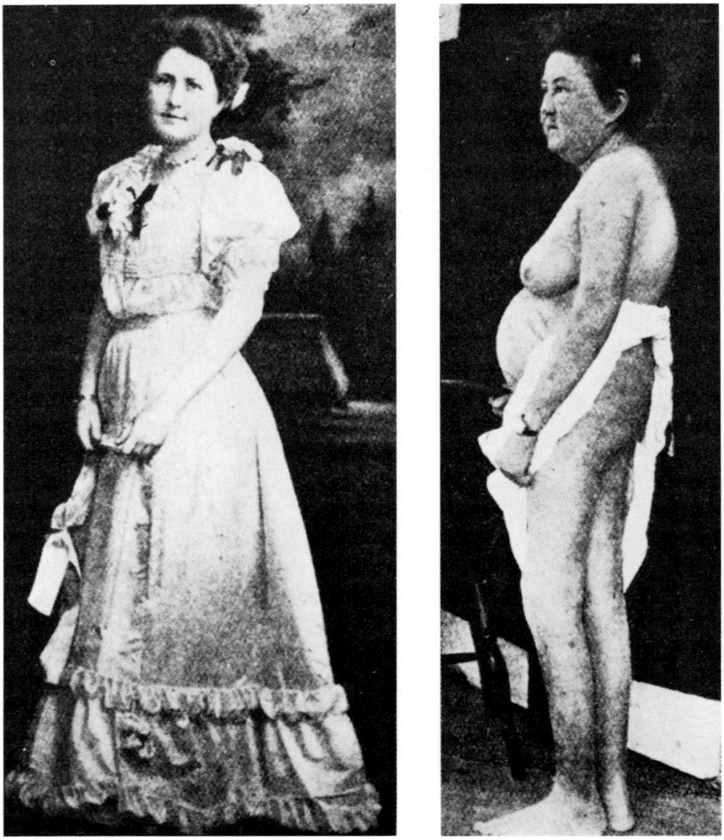

Bildliche Falldarstellung aus Cushings Publikation über das basophile Hypophysenadenom. Links die Patientin im Alter von 20 Jahren, rechts 5 Jahre später mit voll ausgeprägten Symptomen.

nierenrinde beschrieben worden, wie er später auch ärztlicherseits immer wieder unerwünschterweise durch die Cortisonmedikation erzeugt werden sollte. Die unerwünschten Wirkungen des Cortison waren damit lange vor der Möglichkeit einer allgemeinen Medikation mit dem Hormon selbst beschrieben.

Es muß betont werden, daß die auf das Cortison zusteuernde chemische und klinische Forschung nur Teile des von Hans Selye entwickelten neuen pathologischen Grundkonzepts aufgriff und seinen neuen Ansatz völlig außer acht ließ. Entsprechend weist der Endokrinologe Labhart einerseits auf die Bedeutung des Selyeschen Konzepts vom Allgemeinen Adaptationssyndrom für die Medizin hin: „. . . nicht das primär schädigende Agens ist wichtig, sondern die Art, wie der Organismus darauf reagiert. Selye rückte das ‚Terrain' wieder in den Vordergrund." Andererseits stellt Labhart aber auch fest, daß bis heute noch „die Frage der Nützlichkeit dieser Reaktion bzw. der therapeutischen Indikation für Cortisol oder ACTH durchaus offen" sei.

Vor allem war die letzte Konsequenz des Konzepts unspezifischer Krankheiten für die iatrotechnische Medizin bis heute unakzeptabel: nämlich die Forderung Selyes nach einer „unspezifischen Therapie" in Abgrenzung zur kausalen und symptomatischen Therapie. Die um 1950 weltweit einsetzende Therapie mit ACTH oder Cortison erfüllte nur teilweise die Forderung nach einer kausalen Therapie im engen und begrenzten Verständnis der iatrotechnischen Medizin von kausal und stellt wesentlich nur eine symptomatische Therapie dar. Sie wurde von Selye heftig kritisiert. Die Cortisonbehandlung „schon bei fast sämtlichen Krankheiten" stellte Selye 1952 fest, sei so weit ausgeweitet worden, „wie man ohne jeden rationalen oder theoretisch fundierten Hintergrund gehen konnte". Selye polemisierte gegen den Gebrauch der Rindenhormone, „als ob sie Pharmaka wären", und forderte „mehr Vertiefung und Gedankenarbeit", wenn man weiterkommen wolle. Während Cortison für die einen erreichtes Ziel und Endpunkt einer Forschungsentwicklung war, fing für Selye jetzt erst die Arbeit an.

So massiv der Angriff Selyes auf das Therapiekonzept mit den Rindenhormonen war, so wenig wurde er aufgegriffen, zur Kenntnis genommen oder gar erwidert. So umgangssprachlich sich einzelne Begriffe Selyes, wie „Streß", „Syndrom", „Hypophysen-Nebennieren-Achse" oder die Unterscheidung zwischen „Mineralo- und Glukokortikoide" usw. heute im Bewußtsein von Medizinern und Patienten festgesetzt haben, die kritische Anfrage Selyes wurde nicht verstanden. Lediglich in der Psychosomatik fand das Streß-Konzept in den 60er Jahren durch die Arbeiten von G. L. Engel einen festen Platz. Erneut geht es hier um „eine einheitliche Auffassung von Gesundheit und Krankheit" und psychologische Antworten auf Streß, Gefahr, Katastrophe und Entbehrung.

Auf der Suche nach den Gründen für die nur teilweise erfolgte

Rezeption des Selyeschen Ansatzes fallen historisch betrachtet zunächst zwei Momente in den Blick: die Favorisierung des Spezialistentums in der Medizin der letzten 100 Jahre einerseits und die ausgesprochene Weite des Selyeschen Konzepts andererseits. Selye gab selbst zu, er habe seine Lehre vom „allgemeinen Adaptionssyndrom" sehr elastisch gehandhabt. Sie war für die mit Einzelproblemen befaßten Chemiker zu spekulativ. Kendall betonte beispielsweise gerne die Zielgerichtetheit und den hohen Anspruch seiner spezialisierten Forschung gegenüber einer von ihm bloß als „Anhäufung von Informationen allgemeinen Charakters" abgewerteten Grundlagenforschung.

7. AUF DEM WEG ZUR HORMONSYNTHESE

Desoxycorticosteron konnte in den 40er Jahren biologisch und klinisch gut untersucht werden, weil die leicht herstellbare Substanz in genügender Menge zur Verfügung stand. Dies war bei den übrigen Kortikosteroiden keineswegs der Fall. Insbesondere waren es drei chemische Prozesse, die sich einer Teilsynthese aus natürlich vorkommenden 12-Oxysteroiden in den Weg stellten: 1. die Verlegung der HO-Gruppe von der 12- in die 11-Stellung; 2. der Abbau der Seitenkette der Naturstoffe; und 3. der Aufbau der spezifischen Ketol-Seitenkette. Die als Ausgangssubstanz dienenden Sterinderivate fanden sich in der Natur besonders in den eigentlichen Sterinen, in Gallensäuren, herzaktiven Glykosiden und Krötengiften, Saponinen und einigen Alkaloiden. Eine Totalsynthese war bislang nicht gelungen.

Zur Teilsynthese suchte Reichstein vor allem unter den Glykosiden nach einer geeigneten Ausgangssubstanz, später, nach dem Krieg, auch verstärkt unter Pflanzensamen der Gruppe Strophanthus sarmentosus. Den amerikanischen Forschern kamen außerordentliche Umstände zu Hilfe: die Glukokortikosteroide wurden in das Programm der amerikanischen Kriegsforschung aufgenommen. 1940 geriet in den Vereinigten Staaten ein Gerücht in Umlauf, das alarmierend wirken mußte. Danach verfügte die deutsche Luftwaffe über besondere Nebennierenrindenstoffe, die die Piloten gegen Sauerstoffmangel in großer Höhe schützen würden und eine Flughöhe von über 40 000 Fuß ermöglichten. Seit August 1940 befand sich Deutschland in der Luftschlacht um England. Die Bombardierung englischer Städte, vor allem ab September die Nachtangriffe auf London, beunruhigten die amerikanische Öffentlichkeit. Nahrung erhielt das Gerücht zudem dadurch, daß Rindenhormone auch einige Male bei der englischen Royal Air Force benutzt worden waren, um dem Streß der Piloten entgegenzuwirken. Doch war es bei den Engländern wegen der geringen Verfügbarkeit dieser Substanzen nur bei wenigen Versuchen in dieser Richtung geblieben. Die US-Abwehr informierte die National Academy of Sciences. Diese beauftragte – über ein Jahr vor der zu erwartenden Kriegserklärung an die Vereinigten Staaten im

Dezember 1941 – den National Research Council mit der Einrichtung einer besonderen medizinischen Forschungsabteilung. Als eine Unterabteilung wurde im Oktober 1940 ein "Committee on Aviation Medicine" ins Leben gerufen, dem neben anderen bedeutenden Wissenschaftlern auch George Thorn angehörte. Thorn regte Tierversuche an, die ergaben, daß sich die Nebennieren unter Bedingungen eines verminderten Sauerstoffdrucks, wie er in großen Flughöhen herrscht, stark vergrößerten (hypertrophierten). Nachdem Thorn bereits im Januar 1941 einen ersten Bericht darüber vorgelegt hatte, gelangte Anfang Mai ein „vertraulicher Bericht" aus Buenos Aires an die US-Abwehr: die deutsche Regierung habe in Argentinien 50 Tonnen Nebennieren gekauft, die über Japan ins Reich verschifft würden. Unter strenger Geheimhaltung trat daraufhin am 16. Mai in Yale eine Sonderkonferenz des National Research Council zusammen, um über den möglichen Nutzen der Rindenhormone in der medizinischen Verteidigung zu beraten. Dem Gremium gehörten 14 der angesehensten amerikanischen Biochemiker, Mediziner und Pharmakologen an, darunter Thorn, Kendall und Swingle, James Bertrand Collip (1892–1965) als Direktor des National Research Council of Canada sowie Vertreter der US Army und US Navy.

Im Mittelpunkt der Beratungen stand Kendalls compound E. Folgende Beobachtungen schienen auf einen Nutzen dieses Hormons für den Kampfeinsatz der Piloten, aber auch anderer Soldaten hinzuweisen: die Erhöhung des Blutzuckers und eine vermutete positive Wirkung auf den Sauerstoffgehalt des Blutes versprachen neben einer besseren Streßanpassung auch die Möglichkeit einer verbesserten Dunkeladaptation der nachts fliegenden Piloten. Ferner der Schutz gegen Schockzustände insbesondere durch die von einem Konferenzmitglied postulierte Reduzierung der Kapillardurchlässigkeit für Plasmaflüssigkeit. Diese Wirkungen waren fast ausnahmslos durch Umkehrschlüsse aus den Insuffizienzzuständen adrenalektomierter Tiere gefolgert worden. Es fehlte jedoch der Beweis mit reinen, definierten Hormonen an gesunden Tieren. Eine dafür ausreichende Hormonmenge war aber auf dem herkömmlichen Extraktionsweg nicht zu gewinnen. Die Konferenz sprach sich deshalb für die staatliche Bereitstellung aller irgendwie verfügbaren Vorräte und ein Ausfuhrverbot für Nebennieren aus. Die auf diese Weise in den Vereinigten Staaten maximal zur Verfügung stehende Menge wurde auf ca. 3 Tonnen Nebennieren wöchentlich geschätzt. Selbst diese riesigen Rohstoffmengen hätten jedoch bei den bisher üblichen Extraktionsmethoden lediglich 1,8 g compound E wöchentlich ergeben.

Der einzig sinnvolle Weg konnte folglich nur in dem intensivierten Versuch liegen, das Hormon synthetisch herzustellen. Die Forscher, die ihre Stunde gekommen sahen, ließen im Geheimprotokoll der Konferenz ausdrücklich vermerken, daß die Überlegenheit des einen oder anderen Kriegsgegners zweifellos davon abhänge, wem die Hormonsynthese zuerst gelänge. Aufgrund dieses Votums wurde die Rindenhormonforschung daraufhin vom amerikanischen Verteidigungsministerium den nationalen Forschungsprojekten zugeordnet, die angesichts der heranrückenden Kriegsgefahr mit höchster Dringlichkeit betrieben, koordiniert und staatlich unterstützt werden sollten: 1. die Rindenhormone, 2. eine ausreichende Bereitstellung von Penicillin und 3. die Suche nach einem zufriedenstellenden Anti-Malaria-Mittel. Mit einem Schlag waren die amerikanischen Rindenhormonforscher von allen finanziellen Sorgen befreit.

Aus chemisch-technischen Gründen entschied sich das "Wartime Committee", als Zwischenschritt zunächst Kendalls compound A zu synthetisieren. Mit staatlicher Unterstützung wurde, wie Sanders formuliert, "a massive, top priority crash-programm" in Gang gebracht. Neben den Forschungslaboratorien einzelner Hochschulen wurden auch die pharmazeutischen Firmen Merck, Schering und Ciba in das Programm eingebunden. Zeitweise räumte der National Research Council der Rindenhormonforschung die höchste Priorität ein. Während 1942 mit dem Penicillin G der Firma Merck das erste allgemeine Antibiotikum für die alliierten Streitkräfte zur Verfügung stand und 1944 die ersten Versuche mit dem wiederentdeckten Malariamittel Chloroquin an Menschen gemacht wurden (Winthrop Laboratories), endete das Wartime Project für das Rinden-compound jedoch mit einem Desaster. Im Laufe des Jahres 1943 gelangte die amerikanische Regierung zur Überzeugung, falschen Gerüchten aufgesessen zu sein. Ende des Jahres kam Reichstein zusammen mit der Baseler Ciba den Forschern an der Mayo-Klinik mit einer Teilsynthese des compound A zuvor, an dem die Amerikaner als Zwischenschritt zum compound E arbeiteten. Zu allem Überfluß erwies sich dieses mit so großem Aufwand erforschte Steroid nur als schwach wirksam. Mitte 1944 ließ der National Research Council daraufhin das Steroidprogramm fallen. Die Synthese des compound E erschien nach wie vor so schwierig, daß fast alle Mitglieder des "Wartime

Committee" ihre Forschungen zu den Rindenhormonen einstellten. Nur Kendalls Labor und die Firma Merck & Co., Rahway, New Jersey, blieben dabei. Die Entscheidung der Firma war insofern mutig, als der mögliche therapeutische Nutzen des compound E außer zur Behandlung der Addisonschen Krankheit keineswegs sicher war. Lediglich ca. 800 Patienten waren in dieser Zeit in den Vereinigten Staaten von dieser Erkrankung jährlich neu betroffen. Bis 1950 investierte Merck deshalb nicht ohne hohes unternehmerisches Risiko 20 Millionen US-Dollar in die Rindenhormonforschung.

Seit Beginn war die Steroidforschung mit der Festlegung von Patentrechten und der Suche nach gewinnbringenden industriellen Herstellungsmöglichkeiten verbunden. A. Butenandt (geb. 1903) arbeitete mit der Schering-Kahlbaum AG in Deutschland zusammen, L. Ružička (geb. 1887), E. Laqueur (1880–1947) und Reichstein forschten für Ciba in der Schweiz und Organon in den Niederlanden. Neben diesem sogenannten europäischen „Hormonkartell" spielte in den 40er Jahren noch ein Außenseiter eine Rolle: Russel Marker von der Pennsylvania State University. Marker machte sich 1943/44 selbständig und produzierte in Mexiko aus einer dort heimischen Pflanze das Hormon Progesteron, das damals im Handel pro Kilogramm 80 000 US-Dollar brachte. Das „Hormonkartell" hielt noch zwischen 1947 und 1949 seine Preise hoch, als die mexikanische Hormonindustrie (Hormona Laboratories S.A., Syntex S.A., Hormosynth S.A., Diosynth S.A. usw.) kräftig auf die Preise drückte. Die Mexikaner wurden deshalb als Patentverletzer und Billigmacher diffamiert.

Die chemische Ähnlichkeit zwischen Progesteron und compound E legte den Gedanken nahe, Progesteron als Ausgangssubstanz für die Synthese zu benutzen. Während die Anlagerung eines Sauerstoffatoms (Oxygenierung) an den Kohlenstoffatomen 17 und 21 leicht möglich war, stellte die Oxygenierung an C 11 vorläufig noch ein außerordentlich schwieriges Problem dar. Zwischen 1944 und 1947 entwickelte Lewis H. Sarett von Merck & Co. zusammen mit den Mayo-Biochemikern Vernon R. Mattox und Kendall ein industriell verwertbares Teilsyntheseverfahren für compound E aus einer anderen Ausgangssubstanz, nämlich Rindergallensäure. Aus 1000 g Gallensäure konnten ca. 15 mg compound E gewonnen werden. Gegenüber der „Tonnenrelation" der Extraktionsmethode war dies ohne Zweifel ein großer Fortschritt. Allerdings durchkreuzte der 36stufige Prozeß zahlreiche andere

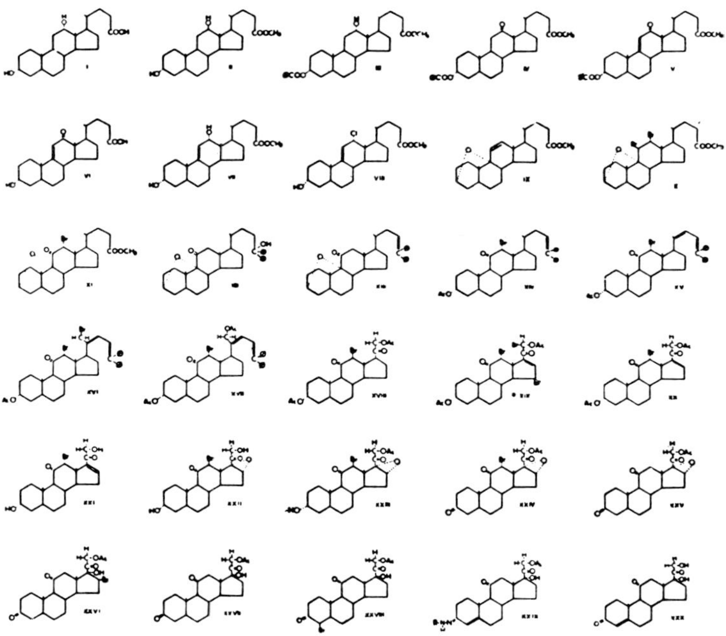

30 zu durchlaufende chemische Schritte bei der Gewinnung von compound E aus Rindergallensäure.

Patentrechte, so daß Merck nicht nur für die Forschung und Produktion, sondern auch für Lizenzgebühren kräftig in die Tasche greifen mußte.

8. ENTDECKUNG DER ANTIRHEUMATISCHEN WIRKUNG

Klinische Analogieschlüsse

Etwa zur gleichen Zeit, als die Biochemiker der Mayo-Klinik ihre Cortin-Forschung aufnahmen, kam der Leiter der Rheumatologischen Abteilung der Mayo-Klinik, Philip Showalter Hench (1896–1965), zu wichtigen Analogieschlüssen. Hench arbeitete seit 1921 an der Mayo-Klinik, war dort bereits als junger Arzt rasch in Führungspositionen aufgestiegen und leitete seit 1926 die neu eingerichtete Abteilung für Rheumatologie und Innere Medizin der Mayo-Klinik. Eine Studienreise nach Deutschland hatte ihn mit damaligen Kapazitäten, wie Aschoff in Freiburg i. Br. und von Müller in München, zusammengebracht. 1929 fiel Hench ein rheumakranker Patient auf, dessen Beschwerden innerhalb einer Woche nach Beginn einer Gelbsucht verschwunden waren. In der Folgezeit beobachtete Hench mehrere Fälle einer solchen überraschenden, wenn auch immer nur vorübergehenden Remission der rheumatischen Beschwerden. 1933 veröffentlichte er eine Arbeit über ›Schmerzlosigkeit bei Hepatitis und Gelbsucht in Fällen von chronischer Arthritis, Bindegewebsentzündungen und Ischias‹.

Weiter beobachtete Hench, daß auch an rheumatischer Arthritis leidende Frauen während einer Schwangerschaft vollkommen beschwerdefrei wurden. 1938 legte er seine Beobachtungen bei 37 Schwangerschaften von 22 Frauen mit chronischen Gelenkerkrankungen vor. Der Einfluß von Menstruation, Schwangerschaft und Menopause auf rheumatische Erkrankungen war zwar seit Ende des 19. Jahrhunderts vielfach beobachtet und interpretiert worden. Doch konnte Hench nunmehr folgern, daß das symptomfreie Intervall der gelbsüchtigen (ikterischen) und schwangeren Rheumakranken möglicherweise von identischen Faktoren abhing. Spätere Beobachtungen lehrten, daß die arthritischen Beschwerden der Patienten auch dann abnahmen, wenn sie chirurgischen Eingriffen, allgemeiner Anästhesie, einer Ergosterol-, Östrogen- oder Testosterontherapie, einer ketogenen (high-fat) oder Hunger-Diät unterworfen waren.

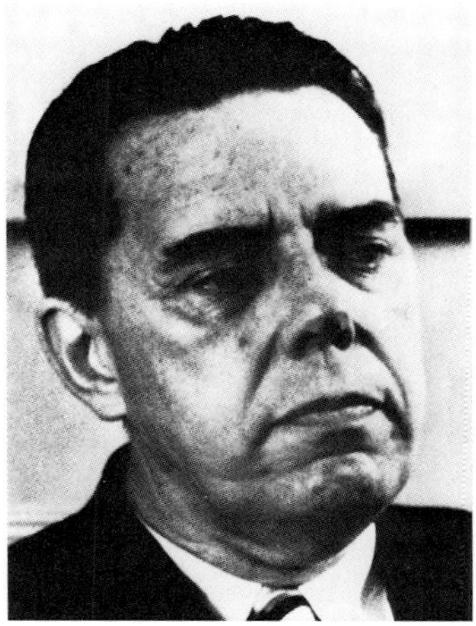

Philip Showalter Hench
(1896–1965)

Die verschiedenen Krankheiten des rheumatischen Formenkreises wurden in dieser Zeit mit geradezu einer Unzahl von therapeutischen Versuchen angegangen. Wie so oft entsprach die Vielzahl der Therapievorschläge der Unsicherheit und Ohnmacht gegenüber der Krankheit. Zu den ausgefallensten Behandlungen gehörte der Versuch, künstlich eine Gelbsucht zu verursachen. Dazu wurden ausprobiert: intravenöse oder intramuskuläre Injektionen von Galle, Bilirubin (Gallenfarbstoff), Cinchophen, Leberextrakten, schließlich sogar Transfusionen von stark ikterischem Blut Hepatitiskranker oder vom Blut schwangerer Frauen. 1938 schien sicher, daß weder der gelbe Gallenfarbstoff Bilirubin noch weibliche Sexualhormone an sich die gesuchte "substance X" waren, die für die Schmerzfreiheit der Rheumatiker verantwortlich war. Doch wies Hench zielsicher auf die chemische Verwandtschaft einiger der Gelbsucht verursachenden Stoffe mit „Cortin" hin. Die enge chemische Verwandtschaft so unterschiedlicher Substanzen wie Cholesterin, Ergosterin, einiger Sexualhormone, Cortin und Gallensäuren verdiene Aufmerksamkeit. Wenn der gemeinsame chemische Verursacher dieser zwei Phänomene – die Besserung bei Schwangerschaft und Gelbsucht – entdeckt werden könne, sei ein Fortschritt in der Behandlung der rheumatischen Krankheiten zu erwarten. Um eine mögliche Wirkung der Nebennierenrindenhormone zu überprüfen, bezog Hench sogar 1941 von Kendall ein Rindenextrakt, das bei der Behandlung von drei

Rheumakranken angewandt wurde. Doch blieb ein gewünschter Erfolg aus. Nach diesem Mißerfolg wurde die Spur in den nächsten Jahren nicht weiterverfolgt. Noch im Sommer 1948 verfuhr die Rheumaabteilung der Mayo-Klinik nach einer durchaus fragwürdigen Behandlungsmethode. Danach wurde Arthritis-Patienten die giftige Substanz Lactophenin verabreicht, um eine Gelbsucht zu provozieren. Nach Angaben der Mitarbeiter Henchs führte dies bei 50–60% der Fälle zur erwünschten Gelbsucht, während Kendall in seiner Autobiographie den Erfolg dieser fragwürdigen Methode, die Hench nur mit Skrupeln eingeführt habe, auf 30% mildert.

Die Geschichte der "Mrs. G."

Eine „Lactophenin-Versagerin" war auch die berühmte "Mrs. G.". "Mrs. G." förderte den Fortschritt der Wissenschaft, indem sie sich angeblich striktweg weigerte, die Mayo-Klinik zu verlassen, bevor sich ihre Beschwerden gebessert hätten. Seit 4½ Jahren litt sie an schwerer rheumatischer Arthritis. Derart von der Patientin bedrängt, forderte Hench seine Mitarbeiter auf, sich etwas einfallen zu lassen ("to come up with something"). Eine zufällige Begegnung mit Kendall ergab, daß Kendalls compound E gerade in genügender Menge zur Verfügung stand. Neuen klinischen Versuchen stand die Firma Merck jedoch inzwischen eher skeptisch gegenüber. Deshalb erbat sich Hench die notwendige Hormonmenge compound E für einen Behandlungsversuch mit dem etwas künstlichen Hinweis auf die bei manchen Rheumakranken addisonähnlichen Symptome. Falls die Substanz überhaupt irgendeinen Effekt auf die rheumatische Arthritis hätte, schrieb Hench, erwarte er diesen binnen weniger Tage. Merck willigte ein und ließ eine genügende Menge des Hormons durch einen Boten überbringen.

Am 21. September 1948 wurde compound E zum ersten Mal einer Patientin mit rheumatoider Arthritis injiziert, und zwar in den Gesäßmuskel 2mal 50 mg täglich. Die Patientin, deren Gelenke teils geschwollen, steif oder nur unter Schmerzen beweglich waren, konnte sich bereits nach zwei Tagen mit Leichtigkeit in ihrem Bett bewegen. Am 25. September konnte sie ihre Hand wieder über den Kopf heben. Sie fühlte sich gestärkt und entwickelte kräftigen Appetit. Nach sechs Tagen war sämtliche Steifheit verschwunden, die Schmerzhaftigkeit der Gelenke deutlich verringert. Am 28. September ging sie für drei Stunden in der Stadt ein-

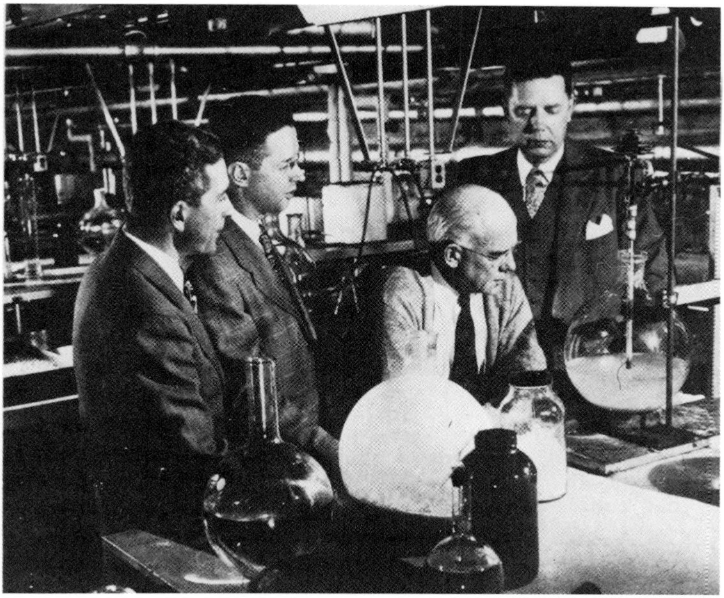

Die Entdecker der antirheumatischen Wirkung des Cortison (von links nach rechts): Slocumb, Polley, Kendall und Hench 1950 im Labor der Mayo-Klinik.

kaufen. Die Patientin empfand eine gewisse Euphorie: In ihrem ganzen Leben habe sie sich nicht besser gefühlt. Im Oktober hielt Hench vor der rheumatologischen Fachwelt in seiner Heberden Oration einen Vortrag über „Die mögliche Therapie ('potential reversibility') der Rheumatoiden Arthritis". Doch wahrte er über die jüngsten Ereignisse in Rochester, die dem Thema einen überraschend neuen Sinn gaben, noch völliges Stillschweigen.

Um über größere Mengen an compound E zu verfügen, mußte die Leitung von Merck & Co. gewonnen werden. Die Firma hatte bis zu diesem Zeitpunkt bereits 13–14 Millionen US-Dollar in die Substanz investiert. Sie überzeugte sich zunächst mit "icy detachment and frigid skepticism" von der Entdeckung der Mayo-Kliniker, ließ sich aber schließlich von der Aussicht auf Erfolg überzeugen. Allein in den Vereinigten Staaten warteten nach damaliger Schätzung drei Millionen Patienten mit rheumatischer Arthritis auf ein Medikament.

Unter größter Geheimhaltung wurde compound E an weiteren Rheumapatienten überprüft. Die Substanz erhielt einen Decknamen. Vergleichende Untersuchungen mit Cholesterol als Vergleichssubstanz (Placebo-Substanz) zeigten immer wieder ein Wiederaufflammen der rheumatischen Beschwerden, sobald kein compound E verabreicht wurde. Ausgewählt wurden Patienten mit schweren bis schwersten arthritischen Beschwerden: von den ersten beiden Patienten konnte die eine nur noch mit äußerster Anstrengung gehen. Der andere litt an einem Rheumabefall der kleinen Gelenke (polyarthritis) und der Wirbelsäule (rheumatoid spondylitis). Der dritte Patient war seit 7 Monaten auf Krücken angewiesen. Drei weitere Patienten waren infolge akuter Rheumaschübe zeitweise völlig bettlägerig. Ein weiterer Patient benötigte ständig einen Rollstuhl und konnte nur wenige langsame Schritte gehen. Zwei andere Patienten litten an Beugekontrakturen der Kniegelenke. Einige der Behandelten waren ambulante Patienten, benötigten jedoch Hilfe, um in oder aus dem Bett herauszukommen oder die Toilette aufzusuchen. Bei allen Patienten bewirkte compound E eine überraschende Besserung der Beschwerden. Sie traten aber nach Absetzen der Therapie unvermittelt wieder erneut auf. War compound E also kein Heilmittel, sondern wirkte nur symptomatisch? Die Frage nach der Rolle der Nebenniere bei der Entstehung der rheumatischen Erkrankungen blieb ein zentrales und ungelöstes Problem. Ab Januar 1949 wurde compound E in seiner besser absorbierten Azetatform verwendet. Neben Schmerzfreiheit und größerer Gelenkbeweglichkeit zeigten sich bei den meisten der ersten 14 Patienten ein kräftig angeregter Appetit, Euphorie, eine deutliche Abnahme der erhöhten Blutsenkungsgeschwindigkeit und ein normalisiertes Eiweiß im Blut. Hinzu kamen bereits erste Beobachtungen von Überdosierungserscheinungen ähnlich einer Rindenhormonüberproduktion (Cushing-Syndrom), einer rheumatischen Gefäßentzündung und dem Lupus erythematodes ähnliche Reaktionen. Schließlich erwies sich schon bei der ersten Patientin die Notwendigkeit einer langsamen und ausschleichenden Reduktion der Hormongaben.

Im Februar wurde bei zwei Patientinnen versucht, ACTH statt compound E zu verwenden, doch zeigten sich unerwünschte Nebenwirkungen, die auf der Unreinheit des Hormons und auf seiner mineralstoffwechselaktiven Eigenschaft beruhten. Compound-A-Gaben erwiesen sich gegen die Arthritis als wirkungslos. Schließlich wurden auch bereits ein rheumatischer (polyarthritischer)

Patient mit schwerem Lupus erythematodes und ein weiterer mit akutem rheumatischem Fieber mittels compound E behandelt.

Veröffentlichung der Ergebnisse

Dies war der Stand der Erkenntnisse, mit dem die Mayo-Kliniker schließlich am 13. April 1949 an die Öffentlichkeit traten, nachdem zuvor im März fünf anerkannte amerikanische Rheumatologen zur Überprüfung der Ergebnisse eingeladen worden waren. Die Publikation erfolgte auf einem der wöchentlichen wissenschaftlichen Treffen ("staff meeting") der Mayo-Klinik. Infolge einer (gezielten?) Indiskretion erschien dabei bereits ein Journalist der ›New York Times‹: William L. Laurence, kurioserweise derselbe, der als einziger Pressevertreter zur Berichterstattung bei der ersten Atombombenexplosion in New Mexico zugelassen war.

Am 21. April brachte die ›New York Times‹ auf ihrer Titelseite die Schlagzeile: ›Neues Hormon verspricht Hilfe bei rheumatoider Arthritis‹. In dem Artikel berichtete Laurence über das wissenschaftliche Treffen in der Mayo-Klinik. Eine eindrucksvolle Filmvorführung habe die leidenden Patienten vor und nach ihrer Behandlung gezeigt. Die wissenschaftlichen Ausführungen über das neue Hormon hätten deutlich gemacht, daß es sich hier um „einen Meilenstein in der Medizin" handele, „vergleichbar mit der Entdeckung des Insulins und Penicillins".

Auf Vorschlag Henchs wurde im Mai der lange chemische Name des compound E, 17-hydroxy-11-dehydro-corticosterone, zu "cortisone" verkürzt. Angeblich hatten inzwischen bereits zu viele Menschen compound E mit Vitamin E verwechselt, was zu exzessivem Konsum dieses Vitamins durch Rheumakranke geführt hatte. Kendalls Vorschlag: "corsone" wurde wegen der möglichen Assoziation eines „Herzmittels" fallengelassen. Wenige Wochen später wurde "cortisone" auf dem 7. Internationalen Kongreß für Rheumakrankheiten „offiziell" der Fachwelt vorgestellt. Selbst die gewöhnlich trockene Berichterstattung des British Medical Journal überging nicht die Begeisterung, mit der "cortisone" aufgenommen wurde: „Der Vortrag der Drs. Hench, Kendall, Slocumb und Polley, der die dramatischen Ergebnisse jetzt offiziell bestätigte, erhielt eine Huldigung ('ovation'), wie man sie selten auf medizinischen Treffen erlebt."

9. CORTISON ALS WUNDERDROGE

Die nächste epochale Entwicklung auf dem Gebiet der Steroidforschung nach Cortison, nämlich die Einführung der oralen Empfängnisverhütungsmittel (Antibabypille) um 1957, wurde nur allmählich und bedeutend verhaltener in der Öffentlichkeit zur Kenntnis genommen als die Meldung von der Rheumawirkung des compound E. Die therapeutische Entdeckung des Cortison bewirkte Schlagzeilen und geradezu explosionsartig öffentliches Aufsehen. Ein Augenzeuge sprach von "one of the greatest bursts of excitement in the entire history of drug therapy". Wie kaum ein anderes Medikament oder Hormon zuvor wurde Cortison weltweit in der Öffentlichkeit beachtet. Zeitweilig nahm die Erregung um die „Wunderdroge" hysterische Formen an: ". . . the clamor for the new 'miracle drug' reached almost hysterical proportions." Nach Anne-Marie Morell führte dieser Enthusiasmus zu einer raschen Ausbreitung der Indikationen für eine Cortisontherapie. Die extensive Vermehrung von Indikationen sei im Überschwang nicht mehr durch jene Regeln gebremst worden, die heute für die klinische Forschung gelten würden. Diese These Morells ist brisant. Einige Aufmerksamkeit soll deshalb auf die Gründe für die enthusiastische Aufnahme des Cortison und die rapide Ausbreitung der Indikationen verwandt werden.

Reaktionen der Fachwelt

Die wissenschaftliche Fachwelt befand sich in der Tat in höchster Erregung. In einer Fülle von Fachkonferenzen wurde zur Überprüfung der Befunde eingeladen, wurden die ersten Ergebnisse klinischer Versuche mit Cortison vorgetragen, erörtert und für die neue Therapie geworben. Seitdem Hench im Februar 1949 auch ACTH eingesetzt hatte, galten beide Substanzen als mögliche Alternativen. Dadurch standen zugleich die neuen Vorstellungen hormoneller Regelung zur Diskussion. Selyes Adaptationssyndrom, die Entdeckung des adrenocorticotropen und des somatotropen Hormons, der Mineralo- und der Glukokortikoide, die

Erkenntnis hormoneller Regelkreise und -mechanismen schienen die gesamte alte Lehre der Pathologie auf neue Grundlagen zu stellen. Die heute bekannte Hemmung der Plasminogen-Aktivierung und Proteinase-Synthese von Gewebsmakrophagen oder die Verstärkung ß-adrenerger- und Prostaglandin E_1-Aktivität durch Glukokortikosteroide besitzen heute kaum die Chance einer so umfassenden Kenntnisnahme unter den Medizinern. Demgegenüber erwiesen sich die Schaubilder hormoneller Regelkreise als ebenso elementar wie eingängig. Die Anteilnahme der Wissenschaftler aus aller Welt war groß.

Auf den Symposien, Fachtagungen und Konferenzen wurden die neuen Erkenntnisse geradezu zelebriert. So berichtete ein Mitglied der Association of American Physicians, vor denen Hench einen Vortrag in Atlantic City hielt, die gewöhnlich ehrwürdigen Ärzte hätten nicht nur applaudiert, sondern sie hätten sich nach dem Vortrag Henchs von ihren Sitzen erhoben und seien in einen Jubel ausgebrochen, als habe der damalige amerikanische Football-Star Joe DiMaggio einen Sieg errungen. Die erste ACTH-Konferenz im Oktober 1949 in Chicago soll einem religiösen Treffen um das Cortison-Wunder geglichen haben.

Wie 1946 das Journal of Clinical Endocrinology ein Sonderheft zu Selyes Adaptationssyndrom herausgegeben hatte, stellte jetzt beispielsweise das Bulletin of the New York Academy of Medicine seine Aprilnummer 1950 unter das Motto: "Present Status of Cortisone and ACTH." Die ›Proceedings‹ der Mayo-Klinik kannten fast kein anderes Thema mehr. Im Washingtoner ›Science News Letter‹, einem populärwissenschaftlichen Blatt, überschlugen sich 1949/50 die Schlagzeilen wie: ›Hormone Aids Rheumatics‹, ›Hormone Aids Muscle Ill‹, ›Cortisone for Sarcoidosis‹, ›Cortisone Cure Lasting‹, ›ACTH against TB‹ usw. Im Editorial der Julinummer des American Journal of Medicine von 1950 wurde die „Cortisonentdeckung" als „der Beginn einer neuen Ära medizinischer Forschung und Praxis" gewürdigt. Die ersten Ergebnisse der Cortison- und ACTH-Behandlung, hieß es anderswo, eröffneten endlich „den Beginn einer einheitlichen Theorie der Medizin". Selbst in Westdeutschland, wo die Substanzen erst in Versuchschargen erhältlich waren, war das Interesse so groß, daß die Deutsche Medizinische Wochenschrift im Laufe des Jahres 1951 nicht weniger als fünf Originalbeiträge und 47 Literaturbesprechungen zu Cortison und ACTH druckte; darunter zehn Rezensionen über Arthritis und Rheuma und bereits fünf über unerwünschte Wirkungen der Hormontherapie.

Auch wenn einem durchschnittlichen Arzt 1949 die chemische Struktur des compound E ein Rätsel gewesen sein dürfte, so war ihm aber doch eines der Rindenextraktpräparate oder Desoxycorticosteron (DOC) bekannt. Hatten sich an diese Substanzen bereits seit Jahren vielfältige Hoffnungen geknüpft, so mochten sie jetzt leicht auf das reine Cortison übertragen werden. Die Bibliographie der Washingtoner Army Medical Library von 1950 über ›ACTH, Cortisone and Related Compounds‹ ist ein eindrucksvolles Dokument der Kontinuität der Forschung vor und nach Cortison. Danach befanden sich allein in der Army Medical Library weit über 3000 wissenschaftliche Publikationen zu diesem Thema aus der Zeit von 1940 bis 1950. Die Bibliographie war nach nicht weniger als ca. 200 meist klinischen Begriffen geordnet. Zu fast allen wissenschaftlichen Themen, die die Nebennierenforschung schon zur Zeit der Extrakt- und DOC-Therapie beschäftigt hatten, finden sich hier, kaum zwei Jahre nach der „Cortisonentdeckung“, bereits Untersuchungen mit ACTH oder Cortison.

Explosion der Indikationen

Die zufällige, ja beiläufige Entdeckung der Rheumawirkung des Cortison schien es zu rechtfertigen, diese „reine“ Hormonsubstanz auch auf alle jene Indikationen hin zu überprüfen, für die – und sei es oft auch noch so zweifelhaft gewesen – die Extrakt- oder DOC-Therapie je herangezogen worden war. Wie die „Cortinsonentdeckung“ zudem zu beweisen schien, war sie nur im Behandlungsversuch am Menschen zu entdecken gewesen. Die unzähligen Therapieversuche aus der Vorzeit wurden deshalb mit Cortison vornehmlich direkt an Menschen wiederholt. Tierversuche traten demgegenüber in den Hintergrund. Es darf deshalb von einer „Erblast der Erprobungsindikationen“ gesprochen werden. Sie wurde durch ACTH nur vergrößert. Denn dieses Steuerhormon der Nebennierenrinde war früher als Cortison zu Forschungszwecken erhältlich, bereits seit 1948 im Handel und hatte ebenfalls zur Vermehrung der Indikationen im Umfeld der Hypophysen-Nebennieren-Achse beigetragen.

Ein Beispiel für diesen Zusammenhang zwischen Extrakt-, ACTH- und Cortisontherapie ist die Myasthenia gravis. Diese Krankheit war bereits früher ohne großen Erfolg mit Nebennierenextrakten oder Desoxycorticosteron angegangen worden. 1949 erfolgten dann erneut Versuche mit Cortison, das sich im Gegensatz zu ACTH (infolge einer falschen Anwendung) als nicht hilfreich erwies. Noch geschlossener stellt sich die Tradition der Nebennierenhormonbehandlung bei anderen Indikationen dar. Bereits 1933 war über die Extraktbehandlung des Asthmas mit Eschatin berichtet worden. Allerdings waren die tierexperimentellen Versuche über den Wirkungsmechanismus in den 40er Jahren infolge unterschiedlicher Tierspezies sehr widersprüchlich. Der erste klinische Erfahrungsbericht über eine Asthmabehandlung mit ACTH erschien im September 1949. Ebenso vertraut war die Schocktherapie mit Nebennierenrindensubstanzen.

Sehr anschaulich vermittelt die Diskussion über die Therapie psychischer Erkrankungen einen Eindruck von der verführerischen Tendenz, die Indikationen der Cortisontherapie aufgrund überraschender Einzelbefunde auszudehnen, ohne daß die Ursachen und die physiologischen Zusammenhänge der Befunde annähernd geklärt gewesen wären. Bereits 1933 hatte Frank A. Hartman überraschend psychische Besserung unter Cortintherapie festgestellt: „Heiterkeit, Wohlgefühl und sogar Euphorie verdrängen die Depression." Es wurde noch spektakulärer: 1938 berichtete Conrad A. Loehner über die erfolgreiche Therapie mit Eschatin bei manisch-depressiven und schizophrenen Patienten. Nach Loehners Theorie stand eine Nebenniereninsuffizienz möglicherweise in ursächlichem Zusammenhang mit der Entstehung der Schizophrenie. Kendall zog aus diesen Beobachtungen den Schluß, daß eine biochemische Wirkung der Rindenhormone auf das Nervensystem zumindest möglich sei. Die daran anknüpfenden Hoffnungen wurden verstärkt, als Hench 1949 in seinen ersten Berichten über die Cortisontherapie Rheumakranker auch die „Nebenwirkung" einer deutlichen Euphorie beschrieb: eine Zunahme geistiger Fähigkeiten und Aktivität, zeitweise bis zum Grad einer leichten, nicht unangenehmen Schlaflosigkeit. Vermittelt durch einen Bericht der ›Times‹ wurde daraus im englischen Lancet die Nachricht: „Es besteht nun auch die Hoffnung, daß sich compound E in der Behandlung der Geisteskrankheiten als nützlich erweist, vor allem zur Behandlung der Melancholie und der Depression." Der schmale Bericht des Lancet über eine Zeitungsmeldung wurde zur Ausgangsbasis einer Notiz im Jahresbericht der deutschen Firma Merck, daß eine Verwendung des compound E „zur Behandlung von depressiven Geisteskrankheiten möglich" erscheine. Noch 1950 zerstörte jedoch ein Bericht aus der Mayo-Klinik zumindest die Hoffnung auf ein spezielles Psychopharmakon mit allein positiver Wirkung. Howard P. Rome und Mitarbeiter berichteten, daß Cortison und ACTH nicht nur euphorische Gemütslagen, sondern eben auch schizophrene Reaktionen hervorrufen konnten. Einem ähnlichen Konzept, das psychische Krankheit als Folge von Stoffwechselstörungen ansah, entsprachen 1950 Versuche, Alkoholismus mit ACTH oder Rindenhormonextrakt zu behandeln.

Frühe Warnungen

Angesichts dieser Flut von Erwartungen aus der Zeit vor Cortison mußte frühzeitig darauf hingewiesen werden, wozu Cortison alles nicht als Therapeutikum einzusetzen war. In einer vielbeachteten Veröffentlichung im British Medical Journal stellte der medizinische Direktor der Firma Merck, James M. Carlisle (geb. 1904), 1950 nicht weniger als 31 Indikationen für eine Cortisontherapie vor. Doch fügte er gleichzeitig eine Aufzählung von Krankheiten hinzu, bei denen sich Cortison nicht als positiv wirksam erwiesen hatte.

Die Liste Carlisles, obwohl so umfangreich, war durchaus einer engen und kritischen Indikationsstellung verpflichtet. Sie war bereits strenger gefaßt als eine Aufzählung von Indikationen, die Selye kurze Zeit zuvor ebenfalls im British Medical Journal publiziert hatte. Beide Indikationslisten und ihre zeitliche Folge sind ein anschauliches Dokument für den medizinkritisch bemerkenswerten Umstand, daß strenge experimentelle und klinische Erfahrungen bereits in dieser Zeit weniger der Definition von Indikationen für eine Cortisontherapie als vielmehr der Eingrenzung und Reduktion der Indikationsfülle dienen mußten.

Zweifellos beruhte der breite Einsatz des Cortison nicht nur auf den im Vorfeld gewachsenen und gepflegten Erwartungen, sondern auf der Wirkmächtigkeit des Hormons selbst. Dies machte es den Vätern des Cortison aber nur um so schwerer, die Geister einzudämmen, die sie gerufen hatten. Der wesentlichste Grund für den Erfolg des Cortison lag in seiner starken und prompten Wirkung ("Beneficial Effect Often Dramatic") und in seinem außerordentlich breiten Anwendungsspektrum. Mit Cortison ließen sich entzündliche Augenkrankheiten bekämpfen. Rheumatiker konnten sich wieder beschwerdefrei bewegen. Hautkrankheiten

Beneficial Effect Often Dramatic	Results Encouraging But Require Further Evaluation	Transient Beneficial Effects Observed	No Beneficial Effects Established
Rheumatoid arthritis	Various allergies: Hay-fever Angioneurotic oedema Drug sensitization Serum sickness	Acute leukaemia (lymphocytic or granulocytic)	Diabetes mellitus (increases insulin requirement)
Rheumatic fever	Acute gouty arthritis	Multiple myeloma	Myasthenia gravis
Rheumatoid spondylitis	Ulcerative colitis	Lymphosarcoma	Cushing's syndrome
Still's disease	Regional enteritis	Hodgkin's disease	Amyotrophic lateral sclerosis
Psoriatic arthritis	Nephrotic syndrome	Chronic lymphatic leukaemia	Multiple sclerosis
Lupus erythematosus (early)	Scleroderma (early)		Progressive muscular dystrophy
Addison's disease	Dermatomyositis		Progressive muscular atrophy
Asthma (status asthmaticus)	Psoriasis		Congestive heart failure (may be detrimental in some cases, but cases secondary to acute carditis may be benefited through effect of cortisone on inflammatory lesions)
Inflammatory eye diseases	Periarteritis nodosa (early)		Chronic myelogenous leukaemia
Exfoliative dermatitis	Pulmonary granulomatosis		Acute monocytic leukaemia
Pemphigus	Alcoholism (?)		Glomerulonephritis (exclusive of nephrotic syndrome)
Panhypopituitarism			Poliomyelitis
			Osteoporosis (may be detrimental?)

Ansprechen verschiedener Krankheiten auf Cortison ("Response of Various Diseases to Cortisone") nach Carlisle 1950.

wurden „behoben“ und die Todesgefahr bösartiger Krankheiten abgewendet.

Bei einigen der damaligen Indikationen gelten die Kortikosteroide heute nicht mehr (Bechterewsche Krankheit, chronische Gelenkentzündungen bei Schuppenflechte) oder nicht mehr allein als Mittel der ersten Wahl (geschwürige Dickdarmentzündungen, akute Leukämie usw.). Gicht gilt für eine systematische Therapie als Kontraindikation. Andererseits sind aber auch Krankheiten, für die Carlisle noch eine Cortisontherapie ablehnte, wieder in Betracht gezogen worden, z. B. Myasthenia gravis, die progressive Muskeldystrophie und die Multiple Sklerose, bei der die Steroide überhaupt die meistdiskutierte Therapie dieser Erkrankung gewesen sind.

Zum Zeitpunkt der Publikation Carlisles waren bereits über 300 Menschen mit Cortison behandelt worden. Dennoch warnte er vor Unvorsichtigkeit. Keine Behandlung habe sich bisher über einen längeren Zeitraum als acht Monate erstreckt. Die Cortisonbehandlung müsse sich streng nach den bei jedem einzelnen Patienten individuell ganz verschiedenen Wirkungen ausrichten. Unerwünschte hormonale Wirkungen ("undesired hormonal effects") könnten bei hoher oder Dauer-Therapie und bei gewissen Patienten auch bei wiederholter Gabe auftreten. Die Ärzte, die Cortison einsetzen wollten, sollten eine Unterrichtung in der Anwendung erhalten haben und sich vor einem Behandlungsversuch mit der Fachliteratur vertraut machen. Die Behandlung sollte ausschließlich in Krankenhäusern erfolgen. Die Möglichkeit für Laboruntersuchungen müsse während der gesamten Behandlung gegeben sein. Carlisle forderte spezielle Vorsichtsmaßnahmen, um unerwünschte Wirkungen der Therapie zu vermeiden: 1. die vorherige Abklärung relativer Kontraindikationen, wie z. B. Neigung zu Psychosen oder Diabetes mellitus; 2. eine kochsalzarme Diät; 3. Überwachung und gegebenenfalls Korrektur einer Hypokaliämie; 4. ständige Kontrolle des Blutzuckers; 5. aufmerksame Beobachtung hinsichtlich auftretender psychischer Störungen sowie 6. eine strenge Überwachung des Patienten nach Absetzen der Cortisontherapie.

Im Rückblick muß überraschen, daß und wie deutlich von Anfang an in der Fachliteratur auf die Grenzen und Gefahren der Cortisontherapie aufmerksam gemacht worden ist. Solche Bemerkungen fehlten in keiner Arbeit Henchs und seiner Mitarbeiter. Die aufmerksamen und kritischen Bemerkungen Carlisles stammten notabene vom obersten Vertreter der Firma Merck. Für die war Cortison schließlich ein Geschäft. Auch wenn die nach dem heutigen Wissensstand zutreffenden Vorsichtsmaßnahmen umfangreicher und differenzierter sind, so beinhalten Carlisles Vorschläge aber doch die wichtigsten Maßregeln einer Cortisontherapie. Wären allein nur die Warnungen Carlisles ständig beachtet worden, man könnte sich nicht erklären, wieso es später zu bitteren Erfahrungen und Phasen heftigster Ablehnung dieser Therapie gekommen ist. Rendall G. Sprague von der Mayo-Klinik versuchte im August 1950 eine kritische Wertung der bisherigen Erfahrungen mit der neuen Cortison- und ACTH-Therapie. Sein Urteil war zurückhaltend: Die neue Therapie, insbesondere ihre Erfolge in der Behandlung der rheumatoiden Arthritis und des rheumatischen Fiebers, stelle zweifellos einen wichtigen medizinischen Fortschritt dar. Es handele sich aber nicht um ein „Heilmittel". Augenblickliche Besserungen, etwa einer akuten Leukämie, wären nach Absetzen der Therapie nur von kurzer Dauer. Die neuen Hormone verursachten zudem eine Reihe physiologischer oder pharmakologischer Veränderungen, die nicht erwünscht seien. Vor allem gebe es keine kalkulierbare Grenzlinie zwischen den erwünschten und unerwünschten Therapiewirkungen. Aufgrund der bisherigen Erfahrungen könne man noch nicht sagen, ob und welchen Platz die neuen Substanzen in der therapeutischen Praxis einnehmen würden.

Es scheint jedoch, als wenn sich „der Markt" weniger an Carlisles und Spragues Vorsichtsregeln als an überzogenen Erwartungen orientierte. Die Fülle der zahlreich erörterten Indikationen täuschte. Zwangsläufig verdeckte die Flut von Meldungen über neue Möglichkeiten und Hoffnungen die warnenden Hinweise. Die Jahresberichte der deutschen Firma E. Merck dieser Jahre sind dafür ein Beispiel. Kritische Hinweise fehlen hier nicht. Sie stehen aber zwangsläufig im Schatten der zahlreichen neuen Indikationsvorschläge, die Woche um Woche auf den Plan traten. Das Gebot etwa einer nur stationären Steroidbehandlung wurde nicht oft genug wiederholt.

Einige der unerwünschten Effekte schienen durch Änderungen in der Darreichung vermeidbar. Vorschläge, wie die Carlisles zur Regulierung des Kochsalz- und Kaliumstoffwechsels, wurden jedoch von der weniger streng wissenschaftlichen Presse so kommentiert: Berichte über Nebenwirkungen, angefangen von der Vermännlichung behandelter Frauen bis hin zum Diabetes, hätten viele Ärzte und Patienten in Schrecken versetzt. Solche Ängste seien aber unbegründet. „Die Nebenwirkungen sind nicht so schlimm gewesen und betrafen nur wenige Patienten." Diätetisch und medikamentös seien sie beherrschbar. Wunschdenken war hier ebenso am Werk wie später bei der Entwicklung immer neuerer chemischer Cortisonabwandlungen. Von jedem neuen Kortikoid sollte man sich vor allem eine Verringerung unerwünschter Wirkungen versprechen. Das Wunschdenken bezüglich der neuen

Substanzen war noch 10 Jahre nach Beginn der Cortisontherapie ungebrochen und fand in der Formulierung eines Dermatologen Ausdruck, die Entdeckungen von morgen würden sich als genauso phänomenal erweisen wie die Entdeckung des Cortison selbst.

Die historische Bedeutung des Cortison für die Therapie der kommenden Jahre drückte sich in einer besonderen Terminologie aus. Ausdrücke wie „Cortisonderivate“ oder „Cortisone“ bezeichneten auch alle weiteren chemischen Abwandlungen der Glukokortikosteroide. Obwohl die Behandlung mit den künstlichen Derivaten später einen breiteren Raum einnahm als die mit Cortison selbst, wurde sie als „Cortisontherapie“ aufgefaßt. Um ein Haar wäre es fast zur Verbreitung von Wortschöpfungen wie „Cortisonoide“ oder „Cortisonica“ gekommen. Damit wäre ein Begriff benutzt worden, der unter den vergleichbaren medizinischen Bezeichnungen (z. B. Haemostatika, Diuretika, Diabetika) als einziger auf einen Medikamentennamen als Stammwort zurückgegriffen hätte.

Erwartungen der Patienten

Welche Erwartungen wurden bei den Patienten geweckt? Vorangegangen waren die Entdeckung der blutzuckersenkenden Wirkung der ersten Bauchspeicheldrüsenextrakte (Pankreasextrakte) und Insulinpräparate (1921), der Di- (1926–1940), später Bi-Guanide (1929), zuletzt bestimmter Sulfonamide (1942) und ihre Einführung in die Therapie der Zuckerkrankheit (Diabetes mellitus) sowie die Einführung des Jods (1922), Radiojods und Thiouracils (1942) in die Schilddrüsenbehandlung. Diese Fortschritte hatten weltweit die Hoffnung auf die Beherrschung endokriner Erkrankungen wachsen lassen. Die Effektivität der Sulfonamide und des Penicillins hatte sich im Zweiten Weltkrieg an Tausenden von Verwundeten erwiesen. Mit Streptomycin war 1946 das erste wirksame Tuberkulosemittel auf den amerikanischen Markt gekommen. Die Grenzen der Medizin schienen weit entrückt, alles möglich zu sein. Die erste Meldung über die Wunderwirkung des neuen Rindenhormons in der New York Times teilte zwar mit, daß Hench „mit der gewöhnlichen Vorsicht der Wissenschaftler“ vor übereilten Hoffnungen gewarnt und auf die noch geringen Erfahrungen hingewiesen habe. Trotzdem verglich die ansonsten korrekte Berichterstattung das neue Hormon nicht von ungefähr mit Penicillin und weckte Hoffnungen auf einen therapeutischen Einsatz wie den des Insulins: „Die ersten Ergebnisse weisen darauf hin, daß die rheumatoide Arthritis und möglicherweise auch andere verkrüppelnde Krankheiten Folgen von Hormoninsuffizienz sind und die Behandlung zwar nicht zu einer bleibenden Heilung führt, aber daß sie auf dieselbe Weise erfolgen kann, wie Insulin zur Kontrolle des Diabetes eingesetzt wird."

Es ist nicht unbedeutend, daß der Durchbruch des Cortison auf dem Gebiet der Rheumatologie erfolgte. Nicht nur, weil es Millionen von Rheumakranken gab. Mit Ausnahme Deutschlands, wo sich die Rheumabehandlung aufgrund historischer Besonderheiten im Bereich der Kur- und Bademedizin entwikkelte, hatte sich die Rheumatologie in anderen Ländern bereits vor 1950 einen festen Platz als selbständige medizinische Disziplin erobert. 1926 hatte die Mayo-Klinik eine rheumatologische Abteilung eingerichtet, deren erster Leiter Hench wurde. In London war 1930 die erste Rheumaklinik gegründet worden. 1946 wurde das American Committee for the Control of Rheumatism, Vorläufer der American Rheumatism Association, ins Leben gerufen. Die 1949 von der American Rheumatism Association vorgeschlagenen diagnostischen Kriterien für die „rheumatoide Arthritis" wurden weltweit anerkannt. Hinzu kamen Fortschritte der Diagnostik: 1948 wurde der „Rheumafaktor" isoliert und der Waaler-Rose-Test entwickelt. Jahr für Jahr tagten immer neue nationale und internationale Rheumakongresse. Der International Congress on Rheumatic Diseases 1949 in New York, auf dem das compound E vorgestellt wurde, war bereits der siebte seiner Art. Gleichzeitig mit der Rheumawirkung des Cortison wurde die des Phenylbutazon entdeckt. Noch vor der Veröffentlichung der Rheumawirkung des Cortison stellte Hench 1949 öffentlich fest: „Meine klinischen Beobachtungen und Forschungen haben mich in dem Glauben bestärkt, daß die rheumatoide Arthritis keine zwangsläufig unbeeinflußbare, chronisch fortschreitende Erkrankung ist, die niemals wirklich zufriedenstellend und rasch beherrscht werden kann. Die rheumatoide Arthritis ist auch jetzt schon potentiell in jedem Stadium reversibel, und vielleicht wird sie auch therapeutisch heilbar oder beherrschbar."

Die vorläufige Knappheit, ja Nichtverfügbarkeit des Cortison förderte den imaginären Ruf und das Interesse an der Substanz. Am Ende der aufsehenerregenden ersten Publikation von der Rheumawirkung des Cortison im April 1949 machte eine fett gedruckte Anmerkung darauf aufmerksam, daß Merck & Co. frühestens 1950 compound E bereitstellen könne, und auch dann lediglich nur zu Forschungszwecken. Die Cortisonausbeute aus Ochsengalle war immer noch gering. Obwohl die 1946 angestrebte Ausbeute bis 1949 auf das 200fache gesteigert werden konnte, betrug der Preis für eine dreiwöchige Cortisonbehandlung zu dieser Zeit noch immer 18 000 US-Dollar, also 8500 Dollar das Gramm. Cortison war deshalb nur für Reiche oder für spektakuläre Ausnahmesituationen zugänglich. Zu den Prominenten gehörte beispielsweise der spätere amerikanische Präsident John F. Kennedy (1917–1963). Dank Cortison konnte Kennedys Addisonsche Krankheit in der Öffentlichkeit als „‚geringfügige Unterfunktion‘ der Nebennieren“ ausgegeben werden, die „durch eine ‚einfache Peroral-Verabreichung von Medikamenten‘ völlig ausgeglichen und unter Kontrolle gebracht worden sei“. Der französische Maler Raoul Dufy (1877–1953) ertrug seine rheumatischen Beschwerden nur mit Hilfe des neuen Medikaments. Aus Dankbarkeit betitelte er ein Blumenbild: „Cortisone“. 1952 hielt der Fall des 17jährigen Marius Renard ganz Frankreich in Atem. Renard war nach einem Unfall seine einzige Niere entfernt worden. Jedoch scheiterten alle Versuche einer Nierentransplantation. Als Ultima ratio wurde eine Behandlung mit dem gerade erhältlichen Cortison versucht.

Sozioökonomische Folgen

Ab Januar 1950 fiel der Preis für Cortison von 200 US-Dollar pro Gramm auf 35 Dollar im November. Voraussetzung für diesen Preissturz war u. a. eine Vereinbarung von vier großen Pharmafirmen unter der Schirmherrschaft der Research Corporation of New York. Die vier Firmen – Merck, Ciba, Organon und Schering – waren Inhaber der durch die übliche Cortisonherstellung berührten Patente. Sie räumten sich nunmehr gegenseitig freie Nutzungsrechte ein. Nach der Entwicklung eines mikrobiologischen Syntheseschritts durch die Firma Upjohn 1952 fiel der Cortisonpreis Ende 1952 auf 9,60, schließlich auf 4 US-Dollar das Gramm. Damit war der Weg für die Massenanwendung frei.

Nicht ohne Bedeutung waren die sozioökonomischen Effekte der Kortikosteroidtherapie im privaten wie öffentlichen Bereich der aufstrebenden Nachkriegsgesellschaften. Die Steroide besaßen bei den meisten Indikationen nur einen rein symptomatischen Effekt. Sie wurden aber um so bereitwilliger eingesetzt, je lästiger die Krankheitssymptome empfunden wurden. Der wohl einseitige, aber warnende Ruf einzelner, der Gebrauch von ACTH und Cortison bei jeder nicht lebensgefährlichen Hauterkrankung sei kriminell, wurde mit dem Hinweis beantwortet, alle Erkrankungen könnten ernst sein und jeden Patienten inaktivieren. Es gäbe Erkrankungen, die das Leben zwar nicht gefährdeten, es aber sehr wohl ruinierten. Was das Leben unerträglich machte und ruinierte, war beispielsweise im Bereich dermatologischer und allergischer Erkrankungen aber auch eine Frage gesellschaftlicher Konvention.

1962 schilderte Helmuth M. Böttcher (geb. 1895) in der Bundesrepublik plastisch den sozialen Wert des Cortison. „Wenn wir uns vor Augen halten", schrieb er, „daß jeder sechste Kranke ein Rheumatiker und daß jeder Rheumatiker durchschnittlich etwa achtzig Tage im Jahr arbeitsunfähig ist, dann wird deutlich, was Cortison leisten könnte. Es könnte nicht nur dazu helfen, Kranke von ihrem Leiden zu befreien, sondern auch dazu, den Familien den Ernährer, den Kindern den Erzieher zurückzugeben und zugleich den Kräftestrom der arbeitenden Menschen positiv zu regulieren. Der Einfluß, der sich hieraus für die Beitragszahlungen und die Leistungsfähigkeit der Krankenkassen, für die Produktion und das Sozialprodukt ergeben würde, läßt sich in diesem Zusammenhang nur andeuten."

Ein Sechstel der britischen Industriearbeiterschaft soll 1924 infolge von Rheumatismus und Arthritis arbeitsunfähig gewesen sein. Schwedische Zahlen aus den 30er Jahren besagen, daß dort jährlich 0,2% der Bevölkerung an akutem Rheumatismus erkrankten; 0,8% der Schweden war wegen Rheumatismus pensioniert. Ebenso wurde in Deutschland „die Bedeutung des Rheumatismus als Volkskrankheit" herausgestellt, die „ebenso wie die Tuberkulose, der Krebs und die Geschlechtskrankheiten große Opfer an Gesundheit, Leben und Arbeitskraft vom deutschen Volke fordert". In den 50er Jahren wurde die Zahl der an rheumatoider Arthritis leidenden Menschen in den Vereinigten Staaten mit 4–5 Millionen angegeben. Angesichts der hohen sozialen Bedeutung der rheumatischen Krankheiten blieb eine staatliche

Unterstützung nicht aus. Reichstein bezifferte 1950 die staatliche Förderung in den USA für die Suche nach geeigneten Ausgangssubstanzen für die Steroidsynthese auf nicht weniger als 1,3 Millionen US-Dollar. Im selben Jahr wurde dort als Teil der National Institutes of Health das National Institute of Arthritis and Metabolic Diseases (NIAMD) gegründet, das zu einer der mächtigsten Triebfedern der amerikanischen Rheumaforschung wurde. Der finanzielle Aufwand für die von NIAMD betriebene Forschug belief sich 1951 auf 394 000 US-Dollar und stieg bis 1968 auf über 11 Millionen US-Dollar pro Jahr.

Von den Historikern der Nebennierenforschung ist gerne hervorgehoben worden, daß die Kortikosteroidforschung ohne den risikoreichen Einsatz der pharmazeutischen Industrie nicht so rasch vorangekommen wäre. Nicht ganz so deutlich wird von dieser Seite aber auch festgestellt, daß sich dieser Einsatz wieder auszahlte. Seit November 1951 war "cortisone" in den Vereinigten Staaten auf dem Markt erhältlich, seit Mitte 1952 auch in Europa. 1953/54 gelangte hier auch Hydrocortison auf den Markt. 1950 wurde die Totalsynthese des Hydrocortison (Wendler u. Mitarb.) und 1951 die des Cortison (Woodward) möglich. Die teilsynthetische Herstellung dieser Hormone aus Gallensäuren blieb jedoch noch wettbewerbsfähig. Das galt auch gegenüber den möglichen Teilsynthesen aus dem weiblichen Keimdrüsenhormon Progesteron oder aus Diosgenin, einem in den Wurzeln verschiedener tropischer Pflanzen vorkommenden Stoff. Ein 1952 von der Firma Upjohn, Kilimazao, Michigan, entwickeltes Syntheseverfahren aus Progesteron (Peterson u. Mitarb.) benutzte zum erstenmal in großem Maßstab einen mikrobiologischen Syntheseschritt, den Pilze der Gattung Rhizopus leisteten. Andere Firmen, wie Pfizer oder Squibb, synthetisierten Hydrocortison aus Reichsteins „Substanz S“. Die verschiedenen Verfahren verschärften die Konkurrenz so sehr, daß von einer „Schlacht um die Rohstoffe“ gesprochen wurde.

Zu den großen europäischen „Cortison-Firmen“ gehörten Ciba in der Schweiz, Merck in der Bundesrepublik Deutschland, Organon in Holland und Roussel in Frankreich. Roussel stellte 1960 ein Drittel der Weltproduktion an Kortikosteroiden her. Um 1980 kostete 1 Gramm Hydrocortisonazetat auf dem europäischen Markt um 110,– DM. Von dem 1958 entwickelten Dexamethason kostete das Gramm im Verkauf zwischen 600,– und 1100,– DM. Preisspannen lassen nur ungefähre Vorstellungen zu, da sie Entwicklungs-, Aufbereitungs- und Vertriebskosten unberücksichtigt lassen. Bereits 1953 soll der Cortison-Markt derart gesättigt gewesen sein, daß – wie es in einer bemerkenswerten Formulierung des ›Chemie-Lexikon‹ heißt – „nicht alles abgesetzt werden konnte und bereits anderweitige Cortison-Verwendungsmöglichkeiten angeregt" wurden. Inwieweit der Wettbewerb der Pharmafirmen seinerseits auch zur Ausweitung der Indikationen beitrug, ist in seinem Umfang nur schwer einzuschätzen.

Für die pharmazeutische Industrie bedeutete Cortison den Einstieg in eine neue Ära pharmazeutischer Forschung. Die Suche nach neuen, chemisch abgewandelten Cortisonderivaten mit weniger unerwünschten Wirkungen wurde im großen Stil betrieben. Wie auch für andere Stoffgruppen wurden nun reihenweise Tausende von Substanzen auf gut Glück synthetisiert und in Reihenversuchen mit Tieren ausgetestet. Der Aufwand stellte alles bisher Dagewesene in den Schatten. Frühe Sicherung von Patentrechten sollte die Deckung der hohen Investitionen gewährleisten. Eine eher empirische als rational begründete Suche wurde Methode. Diese neue Forschung folgte stärker den Gesetzen hochindustrieller Leistungsbetriebe als wissenschaftlich-theoretischen Überlegungen. Nur „die Großen im Geschäft" konnten den blinden Wettlauf dieser "mammoth screening programs" durchhalten.

Erst eine unübersehbare Fülle unterschiedlich benannter, abgewandelter oder mit anderen Stoffen kombinierter Pharmaka garantierte auch kleineren pharmazeutischen Firmen ihren Anteil am Markt. Veränderungen in der Darreichungsform (Tabletten, Zäpfchen, Aerosole, Cremes usw.) ermöglichten Massengebrauch und Massenabsatz.

Die ambulante Cortisontherapie wurde zum Hauptanliegen der pharmazeutischen Industrie, die Praxis des niedergelassenen Arztes zum Hauptumschlagplatz dieser Präparate. Damit wurde die Cortisontherapie aber gegen alle früheren Warnungen einer strengen klinischen Kontrolle entzogen. Die überwiegende Zahl der erschreckenden Meldungen über Schädigungen durch die Steroidtherapie stammt aus der ambulanten Behandlungssituation.

Interpretationsversuche des Cortisonerfolgs

Mit der Bedeutung, die die Nebennierenhormone später in der Medizin erhielten, nahmen auch die Feierstunden, Gedenkreden und Editorials ständig zu, in denen die neuen Forschungserfolge gefeiert wurden. Dort wurde manches formuliert, was der Prüfung heute nicht mehr standhält. Meistens ging es auch nur darum, die Erkenntnisse heutiger Medizin auf der Folie überwundener Unwissenheit zu feiern. Spätere Berichte und Interpretationen der „Cortisonentdeckung" nähren mehr oder weniger alle tendenziell drei Behauptungen, auf die näher eingegangen werden muß: die „Cortisonentdeckung" 1948/49 sei – so die erste Behauptung – die geniale Leistung einzelner Forscher gewesen. Andere Interpretationsversuche betonen, diese Entdeckung sei überraschend und wie aus heiterem Himmel gekommen. Eine dritte Gruppe eher spekulativer Betrachtungen sieht in Cortison ein wissenschaftstheoretisches Lehrstück par excellence.

Im Dezember 1950 erhielten Hench, Kendall und Reichstein den Nobelpreis für Medizin. Diese Ehrung hat das Verdienst der drei Preisträger hervorgehoben, auch wenn Kendall selbst in seiner Autobiographie immer wieder die Arbeit seines Teams oder anderer Forschergruppen erwähnt und schließlich seine Nobelpreisdotierung mit verschiedenen Mitarbeitern teilte. Einige von ihnen – so Dwight J. Ingle (1907–1978), Howard F. Polley (geb. 1913) und Charles H. Slocumb (geb. 1905) – markierten nach dem Tode Henchs (1965) und Kendalls (1972) auch deutlicher ihr Scherflein, das sie zur Cortisonentwicklung beigetragen hatten. Man mag zudem fragen können, ob der Nobelpreis nicht auch den Chemikern Sarett oder Mattox hätte zugesprochen werden müssen. Denn ohne deren Syntheseverfahren wäre es vorläufig weder zur Erprobung noch zur Breitenanwendung des Cortison gekommen. Und es fällt möglicherweise schwer, darauf zu bestehen, daß der Nobelpreis Hench und nicht etwa der Firma Merck gebührte. Viele Akteure der Geschichte des Hormons wären diskutable Würdenträger. Cortison war nicht der Erfolg isolierter Einzelkämpfer.

Nachdem sich bereits die antirheumatische Wirkung des compound E erwiesen hatte, reklamierten Kendall und Hench jedoch, es sozusagen „immer schon gewußt" zu haben. Mehrfach unterstrich Hench in seinen ersten Publikationen über das neue Rheumamedikament, daß er sein Interesse an der Substanz bereits 1941 deutlich gemacht habe. Doch muß betont werden, daß dieses Interesse nicht so gezielt sein konnte, wie Hench vorgab. Der Behandlungsversuch mit den Extrakten verlief nämlich 1941 ergebnislos. Henchs Interesse an compound E kann in dieser Zeit nur dem allgemeinen Interesse an den Steroiden entsprochen haben: es war vielleicht erwartungsvoll, auf jeden Fall aber nebulös und unbestimmt.

Auch Kendall färbte seine Darstellung. In seiner Autobiographie beschrieb er 1971 die nicht glücklichen Forschungen seines Labors zum compound A lediglich als Zwischenschritt zur compound-E-Synthese. Dwight J. Ingle, ein Mitarbeiter Kendalls, betonte hingegen in seiner Darstellung stärker die hohen Erwartungen, die bereits an das compound A geknüpft wurden. Nur durch diese Version wird überhaupt verständlich, wieso die zuvorgekommene Synthese des compound A durch Reichstein und die Erkenntnis der geringen Wirksamkeit dieser Substanz zum Zusammenbruch des "wartime projects" beitrugen. Gezwungen wirkt es, wenn Kendall in seiner Autobiographie sogar eine Notizbucheintragung Henchs von 1941 als Beweis anführt, daß es ihm damals bereits im Grunde nur um das später so erfolgreiche compound E gegangen sei. Bezogen auf eine Besprechung mit Hench in dieser Zeit ließ Kendall schließlich sogar das Stichwort "rheumatoid arthritis and conference with P. S. Hench" in den Index seines Buches aufnehmen. Es ist richtig, daß in dieser Zeit nicht zuletzt aufgrund der Beobachtungen Henchs Vermutungen über Zusammenhänge zwischen Rheuma und den Nebennierenhormonen kursierten. Nichts wies aber auf einen besonderen Wert des compound E vor allen anderen Hormonsubstanzen hin. Untersuchungen anderer Autoren, die auf den Zusammenhang von compound E und Entzündungshemmung oder den Rindenhormonen und Arthritis hinwiesen (Menkin, Selye), wurden ignoriert. Ingle, der es als engster Mitarbeiter Kendalls wissen muß, meint auch noch zur Erprobung 1948, daß Kendall und Hench hierbei eher mit einer Idee spielten als einem logischen Konzept folgten. In Wirklichkeit interessierte sich vor dem Herbst 1948 kaum ein Kliniker mehr für eine Erprobung des nun verfügbaren compound E. Dies wird auch von Kendall selbst nicht verschwiegen. Das geringe Interesse der Kliniker wird verständlich, wenn man bedenkt, daß Kendall sie damals schon seit 18 Jahren mit Extrakten und einzelnen Hormonchargen belieferte und nach einer klinischen Nutzanwendung suchte. Kendall hatte die Testung u. a. auf den Gebieten der Krebs- und Schockbekämpfung, bei Asthma oder Geisteskrankheiten vorgeschlagen. Lediglich eine vage Hoffnung auf den klinischen Nutzen des compound E und der unternehmerische Wille einer pharmazeutischen Firma hatten überhaupt noch zur Produktion ausreichender Hormonmengen für eine klinische Erprobung geführt.

Einige Autoren haben über das angeblich Zufällige der Cortisonentdeckung wissenschaftstheoretische Überlegungen und Spekulationen angestellt (die sogenannten „Serendipitologen" Cohen, Toone und Vaisrub). Diese Autoren haben versucht, aus der Zufälligkeit moderner Entdeckungen, angefangen von Christoph Columbus (1446–1506) bis Wilhelm Conrad Röntgen (1845–1923), ein wissenschaftstheoretisches Gesetz zu konstruieren, das die Vorstellung individueller und genialer Leistung einzelner im schneller gewordenen Forschungsprozeß retten soll. Tatsächlich beschreibt die Geschichte des Cortison jedoch einen Abschnitt medizinischer Forschung, der zwar zu Beginn noch durch die Leistung einzelner geprägt ist, später aber nur noch durch Teamwork, internationale Zusammenarbeit, umfangreiche Geldmittel und industrielle Forschungsmethoden möglich war. Zur gleichen Zeit, als der Kliniker Hench mit den Werkzeugen seiner Augen und seines Verstandes die Besserung der Rheumapatienten unter Gelbsucht und bei Schwangerschaft wahrnahm, arbeiteten die Apparate im benachbarten biochemischen Labor bereits rund um die Uhr. Das konstante Brummen von 6 Wasserpumpen und der Kühleinheit, so beschreibt Kendall seine „Versuchsfabrik" im Jahre 1934, hätten ein Gefühl von Macht und Dringlichkeit vermittelt: "The hormones were produced in a steady flow." Die ältere Forschungsepoche ist charakterisiert durch Namen wie Thomas Addison, Charles Edouard Brown-Séquard, Artur Biedl, vielleicht noch als Außenseiter Hans Selye. Am Ende des Umbruchs aber stehen die Zusammenarbeit zwischen Reichsteins Institut, der Ciba in Basel, Organon, Holland, die zwischen Chemikern und Internisten an der Mayo-Klinik zusammen mit Merck & Co., das Johns Hopkins Hospital in Baltimore und die Universitätskliniken von Columbia, Harvard und Yale.

Die „Entdeckung" des Cortison ist nicht eine geradlinige Einzelleistung genialer Forscher. Sie ist das Ergebnis einer langwierigen Forschungsgeschichte, in der zweifellos auch Zufälle eine Rolle spielten. Stärker als durch solche Zufälle wurde diese Forschungsgeschichte aber durch umfassendere Entwicklungen in Medizin und Gesellschaft bestimmt und geprägt. Rudolf Abderhalden meinte schon 1951, daß in der heutigen modernen Medizin „die einzelnen Erkenntnisse wohl kaum noch in so eindeutiger Weise mit dem Namen eines bestimmten Forschers verbunden sein werden, wie dies bisher meistens der Fall war. Die ‚klassische' Periode der Endokrinologie, wie man die letzten hundert Jahre nennen kann, ist heute wohl bereits abgeschlossen."

10. DIE PHYSIOLOGISCHEN HORMONE DER NEBENNIERENRINDE

Auf der Suche nach dem Cortin fanden die Biochemiker Nebennierenrinde innerhalb weniger Jahre eine große Zah Steroiden, die alle das gleiche chemische Grundgerüst (Zyklop tanoperhydrophenanthren) aufwiesen. Nun war die Frage, welc dieser Substanzen als die eigentlichen Hormone anzusehen seien. Das größte Augenmerk der Forscher hatte sich auf die später *Cortison* genannte Substanz konzentriert. Das 1937 sowohl von Kendall als auch von Reichstein erstmals beschriebene *Hydrocortison* (Cortisol) wurde in seiner Bedeutung verkannt. Heute ist gesichert, daß diese Substanz das physiologische Glukokortikosteroid der Nebennieren ist.

Auch *Corticosteron* wird als physiologisches Hormon angesehen. Es wurde als Substanz H von Reichstein ebenfalls 1936 entdeckt. Seine biologische Aktivität ist aber etwa 10mal geringer als diejenige von Cortisol.

Die physiologischen Wirkungen der Glukokortikosteroide werden ausführlich auf den Seiten 115 ff. beschrieben.

Das schon 1937 von Reichstein aus der Nebennierenrinde isolierte und bereits 1938 synthetisch zur Verfügung stehende *Desoxycorticosteron* (DOC) stand somit als erstes Nebennierenrindenhormon für die Therapie zur Verfügung. Es erwies sich als eine Substanz mit ausgeprägter Mineralaktivität, ist aber nicht das physiologische Hormon.

Dieses wurde erst 1953 von Reichstein aufgeklärt und stand ab 1957 synthetisch hergestellt zur Verfügung. Dieses potenteste Hormon aus der Nebennierenrinde, das zunächst den Namen Electrocortin und später *Aldosteron* erhielt, ist für die Aufrechterhaltung des Blutvolumens und Blutdrucks durch Einfluß auf die Wasser- und Elektrolytausscheidung in der Niere verantwortlich.

Mit der Isolierung der Substanz G durch Reichstein 1936 war gesichert, daß in der Nebennierenrinde auch *Androgene* (männliche Keimdrüsenhormone) gebildet werden. Später fand man auch *Östrogene* (weibliche Geschlechtshormone), wenn auch nur in sehr geringen Mengen. Es handelt sich dabei um Substanzen, die auch

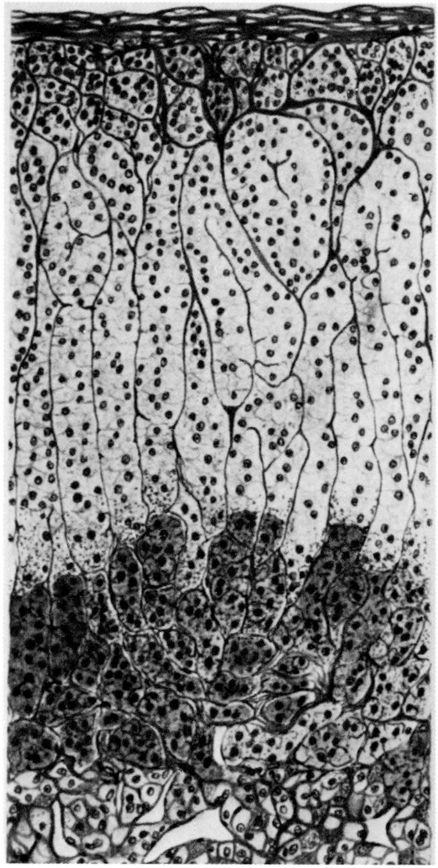

Die histologischen Schichten der Nebennierenrinde.

in den Hoden bzw. Eierstöcken gebildet werden. Androgene haben bei der Frau eine spezifische Wirkung: sie sind für den Wachstumsschub der Mädchen in der Pubertät, für die Ausbildung der weiblichen Sexualbehaarung und die Stimulation der Talgdrüsen verantwortlich. Die Östrogene aus der Nebennierenrinde haben dagegen beim Mann keine wesentliche biologische Wirkung.

In den Anfangsjahren der Kortikoidforschung glaubte man, daß die Gluko-, Mineralo- und Androkortikosteroide voneinander getrennt in den drei *geweblichen Schichten* der Nebennierenrinde gebildet werden (s. Abb. S. 75). In den 60er Jahren ergab sich, daß dies nicht stimmt; nun nahm man an, daß alle Hormone in allen Schichten gebildet werden können. Heute weiß man, daß die Nebennierenrinde aus zwei endokrinen Organen besteht, die weitgehend voneinander unabhängig sind: der Zona fasciculata mit der Zona reticularis einerseits und der Zona glomerulosa andererseits. In den ersten beiden Zonen werden die Glukokortikosteroide Cortisol und Corticosteron sowie die Androgene gebildet, während in der Zona glomerulosa die Aldosteronsynthese geschieht.

Alle Steroide werden aus Azetatmolekülen und teilweise aus vorhandenem Cholesterin synthetisiert. Die unterschiedliche Hormonproduktion beruht auf zwei Enzymsystemen, die sich nur in den jeweiligen Zonen finden.

Die *Synthese der Glukokortikosteroide* geschieht unter dem Einfluß des adrenocorticotropen Hormons des Hypophysenvorderlappens (Hirnanhangdrüse) *(ACTH)*. Es wurde bereits 1942 nachgewiesen und stand schon vor Cortison zu diagnostischen und therapeutischen Zwecken zur Verfügung.

Die ACTH-Bildung ihrerseits wird durch das im Hypothalamus, einem Teil des Zwischenhirns, gebildete *Corticotropin-Releasing-Hormon* (CRH) gesteuert. Dieses Hormon wurde jahrelang gesucht und erst 1981 identifiziert. Es wird heute gentechnologisch hergestellt.

Cortisol, ACTH und CRH bilden den adrenalen Regelkreis (s. Abb. S. 77): Jedes Hormon hemmt die Eigensynthese, aber auch die darüber liegenden Systeme. Diese Rückkopplung kommt auf verschiedenen Wegen zustande. Eine schnelle Rückkopplung supprimiert in wenigen Minuten die ACTH-Freisetzung; sie hält nur Minuten an. Eine verzögerte Rückkopplung geschieht proportional zur Cortisolkonzentration im Plasma.

Die CRH-Bildung wird außerdem durch verschiedene Überträgersubstanzen teils stimulierend, teils hemmend beeinflußt.

ACTH entsteht aus Eiweißvorstufen mit 290 Aminosäuren. Es bewirkt in der Nebennierenrinde innerhalb von zwei Minuten die Cortisolbildung durch Stimulation der Enzymsysteme.

Die Bildung der Hormonreihe CRH–ACTH–Cortisol zeigt einen ausgeprägten zirkadianen Rhythmus (von circa diem = etwa 1 Tag).

Die zirkadiane Rhythmik führt dazu, daß die Produktion in den frühen Morgenstunden einen steilen Anstieg nimmt und ihr Maxi-

a) System in Ruhe (HT = Hypothalamus, HVL = Hypophysenvorderlappen, NNR = Nebennierenrinde).

b) Verbrauch von Cortison führt zum Absinken des Blutspiegels. Dieser ist der adäquate Reiz für die Bildung von CRH (= Corticotropin-Releasing-Hormon) im Hypothalamus und ACTH (= Adrenocorticotropes Hormon) im Hypophysenvorderlappen. ACTH kommt auf dem Blutweg in die Nebennierenrinde und regt dort die Cortisolbildung an.

c) Werden Kortikoide zur pharmakologischen Therapie zugeführt, besteht kein Bedarf zur Bildung der drei Hormone. Längere Inaktivität der Nebennierenrinde kann zum Schwund des Organs führen.

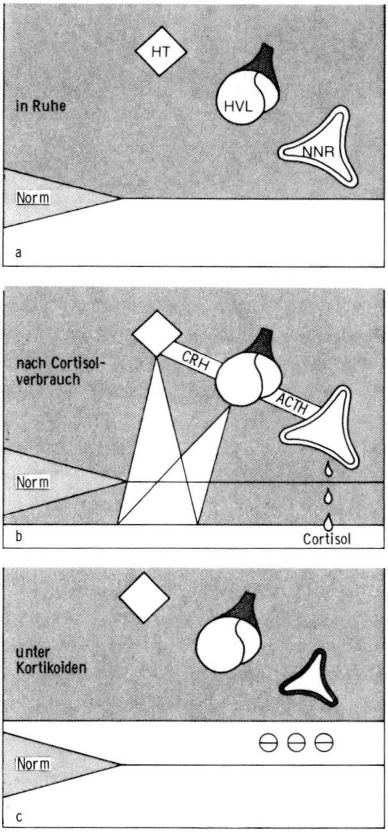

Der Regelkreis Hypothalamus – Hypophysenvorderlappen – Nebennierenrinde und seine Beeinflussung durch Kortikoide.

mum etwa um 6 Uhr erreicht. Dann fällt die Hormonbildung ab und erreicht um Mitternacht ihren Tiefstpunkt. Cortisol wird stoßweise gebildet, in 7–13 Phasen, die überwiegend in den frühen Morgenstunden liegen. Diese Episoden werden vom limbischen System, einer am Hirnstamm gelegenen Region, gesteuert.

Der Rhythmus ist von der dritten Lebenswoche an das ganze Leben erhalten und zeigt keine *Altersänderung*. Hier sei angemerkt, daß auch der adrenale Regelkreis bis ins höchste Lebensalter funktioniert, so daß – wie umfangreiche Untersuchungen ergeben haben – nicht nur die Basissekretion erhalten bleibt, sondern auch die Streßanpassung während des gesamten Lebens garantiert ist. Und dies, obwohl sich histologisch auch in der Nebenniere, wie in allen Organen, Altersveränderungen nachweisen lassen.

Corticosteron folgt in allen diesen Funktionen dem Cortisol.

Das Mineralokortikosteroid *Aldosteron* wird überwiegend durch das im Blut unter dem Einfluß des Nierenenzyms Renin gebildete Angiotensin sowie durch die Kaliumkonzentration in der extrazellulären Flüssigkeit reguliert. Es ist also primär von dem adrenalen Regelkreis unabhängig. Allerdings kann auch ACTH die Aldosteron-Biosynthese stimulieren und ist zumindest teilweise für die der Cortisolproduktion parallel gehende, wenn auch nicht so ausgeprägte, Tagesrhythmik verantwortlich.

Die *Androgenbildung* geschieht ebenfalls unter ACTH-Einfluß. Im Gegensatz zum Cortisolspiegel haben aber die Androgene keine steuernde Wirkung auf den Hypothalamus und Hypophysenvorderlappen. Ein Androgenüberschuß hemmt also die ACTH-Bildung nicht.

11. SUBSTITUTIONSTHERAPIE

Die Behandlung mit Cortisol ist für alle Formen der Nebennierenrinden-Unterfunktion, also für jene Kranke, deren Nebennieren nicht in der Lage sind, die erforderlichen Mengen dieses Hormons herzustellen, die einzige lebenserhaltende Therapie.

Die von Th. Addison 1855 beschriebene, auf einem Funktionsausfall der Nebennierenrinde beruhende Krankheit war immer tödlich. Die in den 30er Jahren geübte Behandlung mit Salzlösungen führte zu einer mittleren Überlebenszeit von weniger als 1 Jahr. Als Anfang der 30er Jahre standardisierte Nebennieren-Extrakte zur Verfügung standen, war es in manchen Fällen möglich, die gefährlichste Phase der Addisonschen Krankheit, die akute Krise, zu beherrschen. Die Gesamtüberlebenszeit besserte sich aber nicht. Nach Entdeckung des Desoxycorticosteron stieg die Überlebenszeit auf etwa 2 Jahre an. Es stellten sich aber nicht selten Komplikationen durch die Elektrolytwirkung ein: Wasseransammlung im Gewebe, Herzinsuffizienz, Bluthochdruck, Lähmung infolge Kaliummangels. Erst das für die Rheumatherapie entwickelte Cortison und später Cortisol brachten eine entscheidende Wende. Dies aus zwei Gründen: Die Gabe des Hormons entspricht einer kausalen Therapie, weil sie diejenige Substanz dem Körper zuführt, die er nicht selbst produzieren kann; zum zweiten ist diese Substitutionstherapie – bei richtiger Dosierung – nebenwirkungsfrei, da sie ja nur ein Defizit ausgleicht.

Seit erkannt wurde, daß Cortisol (Hydrocortison) das physiologische Glukokortikosteroid ist, während Cortison ein Stoffwechselprodukt darstellt, wird dieses heute bevorzugt.

Formen der Nebennierenrinden-Unterfunktion

Nebennierenrinden-Unterfunktionszustände gibt es aus verschiedenen Ursachen: Neben der von Addison beschriebenen, auf einer Zerstörung der Nebenniere beruhenden und damit heute als primäre Nebennierenrinden-Insuffizienz bezeichneten Form gibt es eine sekundäre durch Ausfall des ACTH und eine tertiäre durch fehlende Bildung des CRH. Schließlich kommt als häufigste Form die durch Kortikoidtherapie ausgelöste (also iatrogene) Funktionsstörung hinzu.

Die verschiedenen Formen können heute durch relativ einfache Untersuchungen voneinander unterschieden werden. Dies ist wichtig, weil sich daraus therapeutische Konsequenzen ableiten.

Die primäre Nebennierenrinden-Insuffizienz erfordert neben einer Substitution der Glukokortikosteroide in der Mehrzahl der Fälle auch eine solche der Mineralokortikosteroide. Letztere ist bei den anderen Formen nicht erforderlich, da ja durch CRH und ACTH nur die Glukokortikosteroidbildung angeregt wird, während die Mineralokortikosteroide durch Angiotensin II und die Kalium-Konzentration in der extrazellulären Flüssigkeit reguliert werden. Keine Substitution von Mineralhormon benötigt auch die iatrogene Nebennierenrinden-Insuffizienz, da sie durch eine Störung der übergeordneten Zentren Hypothalamus und Hypophysenvorderlappen zustande kommt.

Wenn der Hypophysenvorderlappen zerstört ist, fallen auch die Steuerungshormone für die Schilddrüse und die Keimdrüsen aus, so daß auch Schilddrüsen- und gegebenenfalls Geschlechtshormone substituiert werden müssen.

Weiter muß unterschieden werden, ob es sich um eine irreparable Schädigung, wie z. B. bei Morbus Addison oder bei organischen Hypophysenerkrankungen, oder um eine funktionelle Störung handelt. Im ersten Falle ist eine lebenslange Substitution erforderlich, im zweiten Falle dagegen nur eine vorübergehende Behandlung, und zwar so lange, bis sich die Funktionsstörung wieder ausgeglichen hat. Das läßt sich heute einfach nachweisen.

Therapieregeln

Die *Hormondosierung* muß dem physiologischen Rhythmus der Hormonbildung und dem individuellen Bedarf angepaßt werden. Man weiß heute, daß die gesunde Nebennierenrinde unter normalen Lebensbedingungen zwischen 10 und 25 mg Cortisol in 24 Stunden produziert. Diese Hormonmenge wird aber nicht gleichmäßig über den ganzen Tag gebildet, sondern folgt einem zirkadianen Rhythmus (s. S. 76f.).

Die Konsequenz für die *Substitutionstherapie* ist, daß der Patient in den frühen Morgenstunden (am besten um 6 Uhr) die größte Cortisoldosis einnimmt, etwa 15 mg. Es folgt eine zweite Gabe mittags zwischen 12 Uhr und 14 Uhr in Höhe von 5–10 mg. Patienten, die abends noch Aktivitäten ausüben, brauchen meist um 19 Uhr noch einmal 5 mg.

Wie bereits erwähnt, müssen Dosishöhe und Zeitpunkt der Einnahme ganz individuell gewählt werden. Wohlbefinden und Leistungsfähigkeit des Patienten sind die entscheidenden Kriterien. Um Überdosierungen zu vermeiden, empfiehlt es sich, ab und zu ein sogenanntes Cortisol-Tagesprofil durchführen zu lassen, d. h., Cortisolblutspiegel – neuerdings ist es möglich, den Cortisolspiegel auch im Speichel zu messen – in 2-Stunden-Intervallen zu bestimmen, und zwar unter der Cortisoneinnahme und unter normaler körperlicher Aktivität.

Ob der Patient zusätzlich ein Mineralokortikoid benötigt, muß im Einzelfall entschieden werden. Da Aldosteron für die orale Therapie nicht zur Verfügung steht, wird Fludrocortison (Astonin-H) verwendet. Die richtige Dosis (0,1–0,2 mg/Tag) ergibt sich aus den regelmäßigen Kontrollen des Blutdrucks und der Blutelektrolyte.

Die sogenannte Ruhesituation wird durch jeden Streß, d. h. eine von außen oder innen kommende Belastung für den Organismus, sofort verändert. Nun wird beim Gesunden die Cortisolproduktion um ein Vielfaches gesteigert.

Alle diese Probleme müssen bei der Substitutionstherapie berücksichtigt werden. Das kann nicht in jedem Falle vom Arzt angeordnet werden, weshalb die Betroffenen selbst gute Kenntnisse haben müssen. Hier seien einige Prinzipien erwähnt:

- Bei körperlichen Anstrengungen (z. B. Bergtouren), bei großer Hitze und bei leichteren Erkrankungen (z. B. katarrhalischer Infekt, sogenannte Grippe oder Durchfall) soll die Substitutionsdosis verdoppelt werden. Auch ist bei Fieber sowie bei Durchfällen auf ausreichende Natriumzufuhr (Salz) zu achten.
- Bei jeder ernsthaften Erkrankung soll der Patient ein Krankenhaus aufsuchen. Dann ist oft eine Verdreifachung der Substitutionstherapie erforderlich.
- Bei kleinen Eingriffen (Zahnextraktion, diagnostische Spiegelungen, Ausschabung u. ä.) empfiehlt es sich, neben der weiterlaufenden oralen Substitution vor dem Eingriff 100 mg Hydrocortison wasserlöslich intravenös zu verabreichen.
- Für die Hormonzufuhr bei operativen Eingriffen gibt es verschiedene Schemen, die in der einschlägigen Literatur zu finden und heute allen Anästhesisten geläufig sind.

Alle diese Regeln gelten in gleichem Maße für die iatrogenen Formen der Nebennierenrinden-Insuffizienz.

Für die *Behandlung der Addison-Krise*, die meist durch einen Streß ausgelöst wird, gibt es heute einheitliche Richtlinien. Neben der Zufuhr von 300 mg Hydrocortison/24 Stunden (also der 10-fachen normalen Tagesdosis) kommt es entscheidend auf die ausreichende Natrium-, Glukose- und Flüssigkeitszufuhr an.

Alle Kranken mit chronischer Nebennierenrinden-Insuffizienz sollten einen Cortisonausweis und 1 Ampulle zu 100 mg Hydrocortison mit sich führen, damit im Notfall keine Verzögerung des Behandlungsbeginns eintritt.

12. DAS CORTISONPENDEL IN DER RHEUMATHERAPIE

Rheumatherapie vor Cortison

Die Bedeutung der Cortison-Entdeckung für die Behandlung rheumatischer Krankheiten kann man nur ermessen, wenn man auf die Geschichte der Rheumatherapie zurückblickt. Der Begriff „Rheuma" taucht erstmals bei dem Philosophen Empedokles (495–430 v. Chr.) auf und wird zunächst für Regengüsse, später für das normale Wachstum verwendet. In der hippokratischen Medizin verstand man unter Rheuma ein pathogenetisches Prinzip: Der Herabfluß des Phlegma (Schleim) aus dem Gehirn sollte zu einer fehlerhaften Zusammensetzung der Körpersäfte führen und damit krankheitsauslösend sein. Mit Gelenkkrankheiten hatte der Begriff Rheuma also zunächst nichts zu tun. Erst später wurde Rheuma mit Arthritis (Gelenkentzündung) und Gicht synonym verwendet. Im 17. Jahrhundert differenzierte Thomas Sydenham (1624–1689) zwischen Gicht und Arthritis. 1853 unterschied Jean Martin Charcot (1825–1893) den akuten vom chronischen Gelenkrheumatismus. Die im anglo-amerikanischen Sprachraum für die chronische Polyarthritis gebräuchliche Bezeichnung rheumatoid arthritis stammt von A. B. Garrod (1819–1907). 1913 trennte der Münchner Friedrich von Müller die degenerativen Gelenkerkrankungen als Arthrosen von den entzündlichen (Arthritiden) ab.

Diese Entwicklung macht verständlich, daß es keine spezifische bzw. differenzierte Behandlung der sogenannten rheumatischen Krankheiten geben konnte. Man machte Aderlässe, empfahl Diätetik und physikalische sowie Bädertherapie und verwendete allerlei pflanzliche Extrakte, von denen einige auch heute noch Geltung haben, wie z. B. Colchicin und Salicin.

Der Schritt von der Salizylsäure zu neuen sogenannten Antirheumatika wurde erst in den 50er und 60er Jahren dieses Jahrhunderts gemacht und führte zu einer leider kaum noch überschaubaren Flut verschiedener, oft nur gering abgewandelter Produkte.

In der ersten Hälfte unseres Jahrhunderts wurden Mittel mit Langzeitwirkung für die chronisch-entzündlichen Gelenkkrankheiten entdeckt; das erste war das Gold. Es sollte aber Jahrzehnte dauern, bis diese Therapie, speziell in Amerika, allgemein anerkannt wurde.

Zur Zeit der Cortison-Entdeckung hatte die Therapie rheumatischer Krankheiten nur wenig wissenschaftliche Basis. Alle Verfahren stammten aus der Empirie. Daß dabei auch mancher Irrweg beschritten wurde, nimmt nicht wunder. Die unselige Fokaltheorie, die annahm, daß versteckte Eiterherde die Ursache von „Rheuma" seien, ließ Myriaden von gesunden Zähnen und Tonsillen, aber manchmal auch noch andere Organe opfern. Erwähnt sei auch die Anwendung von Bienengift, das, aus der Volksmedizin stammend, sich bis in unsere Tage gehalten hat. Natürlich wurden mit Entdeckung der Vitamine und mehr noch mit den ersten Hormonen auch Versuche bei rheumatischen Krankheiten gemacht. Alle diese Verfahren nützten aber letztlich nichts.

Gewisse Wirkungen hatte zweifellos die in Deutschland durch F. Hoff propagierte unspezifische Reizkörpertherapie. Durch Injektionen von Eiweißkörpern und Bakterienstoffen wurde versucht, Reaktionen des autonomen Nervensystems und der endokrinen Drüsen hervorzurufen. Diese Behandlungsart könnte man gewissermaßen als indirekten Vorläufer der Cortisontherapie ansehen, zumal auch durch Hench schon vor Einführung des Cortison beobachtet wurde, daß Typhusimpfung, Hunger, aber auch Narkose und Operation – also ebenfalls unspezifische Reize – zur vorübergehenden Besserung einer chronischen Polyarthritis führen können. Den gemeinsamen Nenner aller dieser Beobachtungen sehen wir heute in einer Erhöhung der körpereigenen Cortisolbildung unter Streß.

Trotz aller Fortschritte, die speziell in der ersten Hälfte des 20. Jahrhunderts erreicht wurden, gab es für die schweren entzündlich-rheumatischen Krankheiten – besonders den chronischen Gelenkrheumatismus (chronische Polyarthritis) – keine rasch und durchgreifend wirksame Therapie. „Rheuma" blieb ein Schicksal. In diese Situation hinein platzte nun die Nachricht von der „Wunderdroge Cortison". Doch das Hormon war zunächst entweder gar nicht erhältlich oder kaum erschwinglich. So versuchte man, vor allem in Europa, auf Umwegen zu gleichartigen Wirkungen zu kommen. Die alte Nebennierenrinden-Extrakt-Therapie wurde erneut versucht, erwies sich aber wiederum als unwirksam. Großes Interesse fand die von bekannten Klinikern gemachte Empfehlung, das jederzeit verfügbare und billige Desoxycorticosteronazetat intramuskulär zu verabreichen und anschließend Vitamin C intravenös zu injizieren. Viele Ärzte meinten, daß auf diese Weise im Körper Cortison entstehen könne. Die Hypothese erwies sich als falsch, die Therapie als unwirksam.

Als weitere Alternative wurden Versuche unternommen, die körpereigene Cortisolproduktion durch allerlei Maßnahmen zu stimulieren, wie z. B. durch hohe Salizylsäuregaben, durch Adrenalininjektionen, Entfernung der Milz, Bestrahlung der Hirnanhangdrüse und schließlich durch Einpflanzung von Kalbshypophysen.

Alle diese zum Teil heroischen Versuche verloren an Interesse, als Cortison für die Therapie in ausreichendem Maße zur Verfügung stand.

Revolutionierung der Rheumatherapie

War nun Cortison wirklich das Wundermittel gegen den entzündlichen Rheumatismus? Schon Philip Hench mußte nach den ersten Behandlungen feststellen, daß eine Heilung der chronischen Polyarthritis nicht erreichbar ist; unmittelbar nach Beendigung der Therapie kam es zum Wiederauftreten aller Symptome der Krankheit. Das bedeutet, daß Cortison nur ein Symptomatikum ist, das die Erscheinungen der Krankheit unterdrückt, solange man es verabreicht. Eine langfristige Anwendung des neuen Hormons führte aber zu unerwünschten Wirkungen. Schon in der ersten Publikation 1949 wies Philip Hench unmißverständlich auf diese Tatsache hin.

Aufgrund der Erkenntnis, daß die Cortisonwirkung einen entzündungshemmenden Effekt verspricht, behandelten Hench und Mitarbeiter schon 1949 und 1950 weitere rheumatische Krankheiten mit dieser Substanz, wie das rheumatische Fieber, die Psoriasis-Arthritis, den Lupus erythematodes visceralis, die Panarteriitis nodosa, die Gelenktuberkulose und die Arteriitis cranialis (deren Zusammenhang mit der Polymyalgia rheumatica man damals in den Vereinigten Staaten von Amerika noch nicht kannte).

Damit war praktisch das gesamte Spektrum entzündlich-rheumatischer Krankheiten zur Indikation für eine Cortisontherapie geworden. Ihr Stellenwert im Rahmen des jeweiligen Behandlungsplans war aber noch nicht definiert. Auch die Dosierungsfrage bedurfte noch der Klärung.

Trotz der Warnungen von Hench sowie anderer namhafter Kliniker, z. B. E. W. Boland, und selbst der Herstellerfirma Merck (Carlisle) vor zu großzügiger Anwendung des neuen Hormons verhallten ihre Stimmen im Vergleich zu den überschwenglichen Pressemitteilungen ungehört. Gerade die Laienpresse kolportierte Thesen, die betroffene Patienten nur allzu gerne vernahmen, wie z. B., daß das „Problem Rheuma" nun gelöst sei. Auch viele Ärzte konnten dieser Stimmung nichts entgegensetzen. So kam es, daß auch nichtentzündliche rheumatische Krankheiten, wie z. B. die Arthrosen und die vielfältigen Formen des sogenannten Weichteilrheumatismus und schließlich alles, was unter die Laiendiagnose „Rheuma" subsumiert wird, mit Cortison angegangen wurde. Es kann deshalb nicht verwundern, wenn sich nach dieser Explosion der Indikationen eine Explosion der Nebenwirkungen ergab. 10 Jahre nach der Einführung des Cortison sprach man weniger von den positiven Wirkungen als vielmehr von den verheerenden Folgen dieser Therapie. Die Wunderdroge war zum Teufelszeug geworden. Selbst ernsthafte Ärzte äußerten die Meinung, Cortison schade mehr als es nütze; man konnte sogar die Ansicht hören, die Verleihung des Nobelpreises sei ein Irrtum des schwedischen Komitees gewesen. Nach der enthusiastischen Aufnahme des neuen Hormons schwang das „Cortisonpendel" in die extreme Position einer totalen Ablehnung aus.

Da Wissenschaftler und Kliniker dennoch vom hohen therapeutischen Wert des Cortison überzeugt waren, mußte versucht werden, zu einem vernünftigen Verhältnis zwischen erwünschten und unerwünschten Wirkungen zu kommen. Dazu wurden drei Wege beschritten:

1. Strengere Indikationsstellung
2. Suche nach geeigneteren Anwendungsformen
3. Entwicklung von Abwandlungen des Cortison, die bei erhaltener erwünschter Wirkung zu weniger unerwünschten Effekten führen.

Für die beiden letztgenannten Entwicklungen gingen zwar wesentliche Impulse von der Rheumatherapie aus, da sie aber auch für alle anderen Indikationen gelten, werden sie in eigenen Kapiteln beschrieben (s. S. 109ff. und 120ff.).

Wandel der Indikationsstellung

Als klar war, daß Cortison die *chronische Polyarthritis* nicht heilen kann und das höchste Risiko von einer Langfristtherapie ausgeht, wurde eine solche Behandlung in den 60er Jahren mehr und mehr abgelehnt. Es setzte sich die Ansicht durch, daß Kortikoide in einen Gesamtbehandlungsplan integriert werden müssen und nur bei akuten Phasen indiziert sind. Die Erfahrung zeigte zudem, daß es häufig nicht möglich war, eine einmal begonnene Kortikoidbehandlung abzusetzen. Deshalb wurde die Indikation weiter eingeengt auf rasch fortschreitende Fälle und solche mit Beteiligung innerer Organe.

Beim *rheumatischen Fieber* erwies sich im Übergang von den 50ern auf die 60er Jahre die Hoffnung, daß Cortisongabe den Befall des Herzens verhindern könne, als nicht begründet. Nachdem nachgewiesen war, daß es sich bei dieser Krankheit um die Folge einer Streptokokkeninfektion handelt und damit die Penicillintherapie an die erste Stelle getreten war, schien Cortison aus der Therapie verbannt. Ende der 60er Jahre setzte sich aber die Meinung durch, daß bei Befall des Herzens frühzeitig, hochdosiert und lange genug Kortikoide gegeben werden sollen. Später traten auch manche Kinderärzte dafür ein, daß alle schweren Fälle mit hoher entzündlicher Aktivität, also auch solche ohne Herzentzündung, mit Kortikoiden behandelt werden sollen. Große Statistiken, die den Wert der Therapie beweisen, liegen nicht vor, da die Krankheit äußerst selten geworden ist.

Die *Spondylitis ankylosans* galt in den 50er Jahren, da zu den entzündlich-rheumatischen Krankheiten gehörend, als Indikation für Cortison. Später wurden Kortikoide den seltenen akut entzündlichen Schüben und schließlich den schweren, mit peripherer Gelenkbeteiligung einhergehenden Formen vorbehalten. Dieselbe Einstellung griff Platz für die anderen zum Formenkreis der seronegativen Spondarthritiden gehörigen Krankheiten, also den Morbus Reiter, die Arthritis bei Schuppenflechte und die Arthritis bei chronisch-entzündlichen Darmkrankheiten.

Der sogenannte *Weichteilrheumatismus* ist eine primär degenerative oder psychogene Erkrankung und stellt damit niemals eine wissenschaftliche Indikation für eine Cortisontherapie dar. Wenn dennoch oftmals solche Patienten mit Kortikoiden behandelt worden sind, so beruhte dies meist auf einer falschen Diagnose.

Bei lokalisierten Krankheiten der Sehnen, Sehnenansätze und

Bursen kann dagegen eine lokale Kortikoidtherapie nützlich sein. Dasselbe gilt auch für die degenerativen Gelenk- und Wirbelsäulenkrankheiten.

Die *Polymyalgia rheumatica* wurde zwar schon 1888 erstmalig beschrieben, aber erst in den 50er Jahren in England und Frankreich wiederentdeckt. In den USA wurde sie 1966 und in Deutschland 1969 erstmals publiziert, weshalb die Krankheit immer noch vielen Ärzten nicht geläufig ist. Da es sich ursächlich um eine Riesenzellarteriitis handelt, wurde die Polymyalgie von Anfang an mit Kortikoiden behandelt, und das wird auch so bleiben.

Zum rheumatischen Formenkreis werden auch die sog. *Kollagenosen* gezählt, also autoimmunologisch geprägte entzündliche Systemkrankheiten des Bindegewebes, die unbehandelt überwiegend eine schlechte Prognose haben. Dazu gehören neben dem Lupus erythematodes visceralis auch Mischkollagenosen, die Polymyositis und schließlich alle Formen nekrotisierender Gefäßentzündungen, speziell die Panarteriitis nodosa.

Die Prognose des Lupus erythematodes visceralis z. B. hat sich – gemessen an der 3-Jahres-Überlebenszeit – unter dem Einfluß der Kortikoide von 16% auf 40% und nach Hinzunahme der Zytostatika auf 95% verbessert (E. Dubois, D. Wallace und E. Dubois).

In den letzten Jahren ergab sich, daß keineswegs alle Fälle bedrohlich verlaufen, so daß weder jede Kollagenose mit Kortikoiden behandelt werden muß, noch in jedem Falle eine unbefristete Dauertherapie nötig ist. Die Überlebenszeit aller bereits im Frühstadium behandelter Patienten unterscheidet sich nicht mehr von der Lebenserwartung der Gesamtbevölkerung (C. Michet und Mitarb. 1985).

Heutige Indikationen

Die Indikationen für eine systemische Therapie, eine Allgemeinbehandlung, sind in der Rheumatologie weniger geworden. Nur mehr einige Krankheitsbilder bzw. Verläufe erfordern eine Behandlung mit diesen Hormonen. Diese gelten aber als unverzichtbar, weil es keine Alternative gibt bzw. andere therapeutische Möglichkeiten ein noch höheres Risiko beinhalten.

Bei der weit überwiegenden Mehrzahl all der Krankheiten, die zum sogenannten rheumatischen Formenkreis gerechnet werden, besteht *keine Indikation* für eine systemische Kortikoidtherapie. Das gilt für

- alle degenerativen Gelenk- und Wirbelsäulenerkrankungen,
- alle Formen des nicht entzündlichen Weichteilrheumatismus (Tendomyosen, Periarthropathien, psychosomatischer Rheumatismus),
- die auf die Wirbelsäule beschränkte Spondylitis ankylosans (Bechterewsche Krankheit),
- die Algodystrophie (= reflexdystrophisches Syndrom).

Als *Indikationen* gelten:

1. *Aktive Phasen der sogenannten Kollagenosen*
   - Lupus erythematodes visceralis und Mischkollagenosen, speziell bei Lungenbefall, Nierenbeteiligung, ZNS-Erkrankung sowie bei Thrombopenie (Blutplättchenmangel) und hämolytischer Anämie (Blutarmut infolge Zerfall der roten Blutkörperchen).
   - Akute Polymyositis und Dermatomyositis, unter Umständen in Kombination mit Plasmaaustausch.
   - Progressive Systemsklerose, nur bei Lungenbefall oder gleichzeitig bestehender Myositis (Muskelentzündung).
2. *Alle generalisierten nekrotisierenden Vaskulitiden,* speziell Panarteriitis nodosa und ihre Sonderformen.
3. *Polymyalgia rheumatica* und alle Manifestationen einer *Riesenzellarteriitis*
   - Kortikoidtherapie ist die einzige wirksame Behandlung und zugleich die einzige mögliche Prophylaxe von Komplikationen durch Gefäßverschlüsse wie Erblindung, Schlaganfall, Herzinfarkt u. a.
4. *Chronische Polyarthritis* und *seronegative Spondarthritiden*
   - bei Befall von inneren Organen, speziell Gefäßentzündungen, Herzmuskel- oder Herzbeutelentzündung sowie Regenbogenhautentzündung,
   - bei malignem Fortschreiten der Gelenkerkrankung trotz konsequenter Therapie,
   - beim Still-Syndrom von Kindern und Erwachsenen,
   - beim Felty-Syndrom,
   - bei der Alters-Polyarthritis (hier mit speziellem Dosierungsschema [s. S. 124]).

Lokale Therapie

Die stark entzündungshemmende Wirkung der systemischen Gabe von Cortison bei Polyarthritis einerseits und das Risiko der unerwünschten Wirkungen dieser Anwendung andererseits führten G. Thorn schon Anfang 1950 dazu, Hydrocortison erstmals in ein Kniegelenk zu injizieren. Ausgebaut wurde diese Therapie durch J. Hollander, der schon 1951 über 300, 1961 über 100 000 und 1985 über mehr als 400 000 Injektionen berichtete.

Gerade unter dem Eindruck der unerwünschten Wirkungen der systemischen Therapie fand diese Therapieform großes Interesse bei der Ärzteschaft, war man doch davon überzeugt, daß man solcherart eine gefahrlose Anwendung mit der Wunderdroge Cortison durchführen könne. Deshalb weiteten sich die Indikationen rasch aus: Neben Arthritiden wurden auch Arthrosen, Gicht und umschriebene Formen des Weichteilrheumatismus sowie schließlich die vielen schmerzhaften Sportverletzungen behandelt. Viele Ärzte erlernten die Injektionstechnik, da Gelenkinjektionen zuvor nicht zum Handwerkszeug des Arztes gehörten; andere trauten sie sich ohne spezielle Ausbildung zu. So fand diese Therapie rasch Eingang in die Praxis. Manche Ärzte erwarben sich den Ruf eines „Spritzen-Doktors“. Oft wurde nicht einmal eine Diagnose gestellt; man spritzte da hinein, wo es dem Patienten wehtat. Der Erfolg blieb selten aus, sei es durch die pharmakologische Wirkung des Kortikoides, allein durch den Ruf des Cortison oder auch durch den eindrucksvollen (und nicht immer ganz schmerzfreien) Eingriff.

Doch wieder einmal war die Rechnung ohne den Wirt gemacht worden. Das Cortisonpendel schwang zurück. Die Vernachlässigung der erforderlichen strengen Asepsis in der Praxis und mehr noch auf dem Sportplatz führte zur Einschleppung der allgegenwärtigen Staphylokokken und damit zu Gelenkvereiterungen und bei nicht rechtzeitigem operativem Vorgehen zur Sepsis. Gelenkzerstörungen, Versteifungen und Todesfälle waren die Folge. Wurde gehäuft injiziert – der Chirurg E. Rehn berichtete davon, daß Sportler bis zu 60 derartiger Injektionen bekommen haben sollen –, stellten sich hormonale Allgemeinwirkungen ein: Die Patienten entwickelten ein Cushing-Syndrom mit allen möglichen Komplikationen und eine völlige Blockade des adrenalen Regelkreises mit Streßunfähigkeit.

Bei ungenügender Kenntnis oder Beachtung der anatomischen Verhältnisse kam es auch zu lokalen Schäden an verschiedenen Geweben. Wurde statt an die Sehne in die Sehne gespritzt, so entwickelten sich Nekrosen und die nächste Folge war der Sehnenabriß. Gehäuft wurden Achillessehnenrupturen beobachtet.

Weiterhin stellte es sich heraus, daß bei gehäuften Injektionen in Gelenke mit Knorpelschädigungen und damit vorzeitiger Arthrose gerechnet werden muß. Bei Injektion in kleine Gelenke wurden Verkalkungen in der Gelenkumgebung beobachtet.

Bei Infiltrationen in die unter der Haut gelegenen Gewebsstrukturen muß, speziell bei Verwendung fluorierter Präparate, mit Haut- und Unterhautatrophie, Depigmentierung, Lanugoverlust gerechnet werden – Komplikationen, die zwar nicht gefährlich sind, aber doch kosmetisch störend wirken können.

Alle diese Gefahren konnten nicht dazu führen, daß diese Therapieform verlassen wurde. Allerdings werden heute international strenge Indikationsstellung sowie eine Reihe von Vorsichtsmaßnahmen und Voraussetzungen für die Durchführung der topischen Kortikoidtherapie gefordert. Werden diese berücksichtigt, so gilt der Satz von Hollander (1985): „Keine andere Behandlung der Arthritis hat so ausgezeichnete, so häufige, so lange anhaltende lokale Erfolge und so wenige Nebenwirkungen."

Als *Indikationen für die intraartikuläre Injektion* gelten die akuten Arthritiden bei Gicht und Pseudogicht, die sogenannte aktivierte Arthrose (d. h. Arthrose mit sekundärer entzündlicher Reaktion) sowie restierende Entzündungen in einem oder wenigen Gelenken bei chronischer Polyarthritis oder seronegativer Spondarthritis.

Kontraindiziert ist eine intraartikuläre Injektion bei bakterieller Arthritis, bei bakterieller Infektion in Gelenkumgebung, bei schwerem Allgemeininfekt (weil die Schwächung der Abwehrsituation zur Absiedlung des Infektes im Gelenk führen kann) sowie bei krankheitsbedingter oder medikamentös ausgelöster Blutungsneigung.

Die *Infiltrationstherapie* ist berechtigt bei nicht bakteriell bedingten Sehnenscheiden- und Schleimbeutelentzündungen, bei Sehnen- und Sehnenansatzentzündung im Rahmen einer chronischen Polyarthritis, bei sogenannten Engpaßsyndromen, bei denen eine entzündliche Gewebsschwellung zur Reizung eines Nervs geführt hat, sowie bei entzündlichen Reaktionen im Rahmen von Periarthropathien.

Um Schäden zu vermeiden, sind eine Reihe von *Vorsichtsmaßnahmen* zu beachten: keimfreies Arbeiten, kleine Kortikoiddosen pro Injektion, Wiederholung der Injektion in das gleiche Gelenk frühestens nach 3–4 Wochen, nicht mehr als 3–4 Injektionen pro Gelenk, Vermeidung von Kristallrückfluß aus der Nadel. Bei kleinen Gelenken und bei Infiltrationen in Weichteile sollten wäßrige Kortikoidlösungen gegenüber den Kristallsuspensionen bevorzugt werden.

Für die *technische Durchführung* der topischen Kortikoidtherapie werden verschiedene Voraussetzungen gefordert, die in den einschlägigen Publikationen ausführlich beschrieben sind (z. B. H. Kaiser und W. Fischer).

13. UMBRUCH IN DER DERMATOLOGIE

Dermatologie nach Cortison

Keine andere medizinische Disziplin wurde in der Zeit nach dem Zweiten Weltkrieg durch den Einsatz von Kortikosteroiden und Kortikoiden so stark verändert und geprägt wie die Dermatologie. Und keine Sparte der Kortikosteroidtherapeutika stand gleichzeitig so sehr im Mittelpunkt des Interesses der pharmazeutischen Industrie wie die der Cortisonsalben (steroidale Dermatika). Zu Beginn der dermatologischen Cortisontherapie standen den Dermatologen erste vielversprechende Erfolgsmeldungen über eine geradezu ans Wunderbare grenzende Beeinflussung etwa des Lupus erythematodes, der Dermatomyositis, des Pemphigus oder der exfoliativen Dermatitis vor Augen. Zum anderen kannte man aber recht bald auch die Hautkomplikationen der systemischen Steroidtherapie, wie Überpigmentierung, akneähnliche Veränderungen, Zunahme der Behaarung, „Mondgesicht", schwangerschaftsstreifenähnliche Veränderungen und verzögerte Wundheilung. Die amerikanischen Dermatologen Marion B. Sulzberger und Victor H. Witten von der New York University begannen 1950, verschiedene Hautkrankheiten mit in Himbeersirup verabreichtem Cortison-Azetat zu behandeln. Sie erkannten die Wirkung dieser Therapie als krankheitsaufhaltend, nicht jedoch als heilend. 1951 betonten sie, daß eine systemische Steroidtherapie in der Dermatologie nur unter einer begrenzten Zielsetzung zu vertreten sei, wie zur Durchbrechung schwieriger oder gefährlicher Krankheitsphasen, zur Übergangserleichterung zu anderen Therapieformen oder zur Erhaltung von Krankheitsbesserungen. Erste Vorschläge richteten sich auf eine aktive Teilnahme der Patienten an der Therapie. Sulzberger und Witten forderten eine eingehende Aufklärung der Behandelten. Bei systemischer Langzeittherapie wiesen sie ihre Patienten an, ständig entsprechende Ausweise bei sich zu tragen, um etwa bei Unfällen auf die Möglichkeit einer Nebenniereninsuffizienz aufmerksam zu machen.

Diese zunächst eher reservierte Haltung änderte sich schlagartig, als Sulzberger und Witten 1952 die Möglichkeit einer äußerlichen und lokalen Kortikosteroidtherapie publizierten. Es handelte sich dabei zunächst um compound F, also Hydrocortison. Die dadurch eingeleitete Entwicklung war derart revolutionierend, daß der amerikanische Dermatologe Howard I. Maibach mit ihr ein neues Zeitalter der Dermatologie anbrechen sah. Aus dem Gegensatzpaar "B.C." und "A.C." ("Before Christ" und "After Christ") bildete er die Begriffe "Before Corticosteroids" und "After Corticosteroids". Wie die Erlösung durch den Religionsstifter, so brachen die "topical corticosteroids" die stinkende, flekkende und beißende Herrschaft der Teere in der dermatologischen Therapie. Neben der wohltätigen, aber nicht ungefährlichen systemischen Therapie bösartiger Hautkrankheiten boten die Steroide nun auch die Möglichkeit einer – so meinte man zunächst – ungefährlicheren und allgemeiner anwendbaren lokalen Therapie. Nach Miller handelte es sich um den größten therapeutischen Fortschritt in der Dermatologie überhaupt.

„Vor der Kortison-Aera starben die Pemphigus-Patienten trotz mühsamster Allgemein- und Lokalbehandlung inkl. erleichternder Dauerbäder in über 90 % der Fälle. Lupus erythematodes und Dermatomyositis waren nur schwer beeinflußbar und forderten meist zur Rettung von schwangeren Patientinnen Interruptio. Rezidivierende Ekzeme vergällten das Leben, ebenso Urtikaria und andere Allergien, die nicht auf die neuentdeckten Antihistaminika ansprachen" (Storck). Sulzberger und Baer zählten 1952 u. a. folgende Indikationen auf, bei denen sich Cortison oder ACTH fast immer bewährten: atopische Dermatitis, allergisches Kontaktekzem, Erythrodermie, Lupus erythematodes (acutus und subacutus disseminatus), Pemphigus (vulgaris, foliaceus, vegetans und erythematodes), akute Urtikaria, angioneurotisches Ödem, multiforme Erytheme. Als „gelegentlich vorteilhaft" galt die Steroidtherapie bei Hautveränderungen durch chronisch-lymphatische Leukämie, bei Retikulosen, Mycosis fungoides, Pruritus unbekannter Genese, seborrhoischem Ekzem, chronischem diskoiden Lupus erythematodes, Alopecia areata, Sklerodermie, Dermatomyositis, chronische Urtikaria, Psoriasis (besonders akute Schübe, arthropathische, pustulöse und erythrodermatische Formen), thrombozytopenischer Purpura. Als „meist nicht ansprechend" galten: Dermatitis herpetiformis, Kaposi-Sarkom, Hautkarzinome, Pyodermien, Zoonosen, chronische torpide Psoriasis, Mykosen usw. Im großen und ganzen haben sich die genannten

Indikationen bis heute halten können. Der echte Pemphigus vulgaris und der systemische Lupus erythematodes gehören zu den zwingenden Indikationen einer Cortisontherapie.

Gefahren der Kortikoidexterna

Die Möglichkeit einer äußerlichen Anwendung durch die Entwicklung kortikoidhaltiger Externa in Form von Salben, Cremes und Lösungen barg jedoch zugleich Gefahren in sich. Die Verschreibung in der ambulanten Patientenbetreuung der Dermatologen, aber auch in der Praxis anderer Fachärzte und Allgemeinmediziner konnte leicht zu einer unkontrollierten Therapie führen, die nicht mehr einer fachlich dermatologischen Kritik unterzogen wurde. Auch ohne dermatologisches Wissen konnte nun jeder Arzt größere Erfolge erreichen als der kompetenteste Dermatologe vor der Cortison-Ära. Die lokalen Kortikoidexterna galten zudem nicht nur als effektiv, sondern auch als ungefährlich. 1959, also immerhin nach ersten Erfahrungen mit Fluorohydrocortison oder Triamcinolon, wurde die Meinung vertreten, daß die lokal angewandten Kortikosteroide nicht die ungewünschten Nebenwirkungen der systemischen Therapie verursachen würden. Die Kontraindikationen ihrer Anwendung seien minimal. Ende der 50er Jahre kamen hochpotente Kortikoide in den Handel, die die Wirkung der ersten Hydrocortison- und Prednisolonderivate weit in den Schatten stellten. Die Einführung dieser hochpotenten Substanzen und die Entwicklung der sogenannten Folienokklusivtechnik Anfang der 60er Jahre erweiterten die Möglichkeiten der ambulanten Therapie. Die Verlagerung von stationärer zu ambulanter Behandlung durch die „Tubenkortikoide" war Ende der 50er Jahre bereits in den Vereinigten Staaten registriert worden. Die Warnung Carlisles von 1950, Cortison nur in Krankenhäusern zu verabreichen, geriet in Gefahr, vergessen zu werden. Die Zahl der hospitalisierten Patienten reduzierte sich in der Dermatologie beträchtlich, beispielsweise bei Patienten mit Hautallergien auf weniger als ein Drittel. Damit waren die Patienten aus der Kontrolle der Klinik entlassen, die Verschreibung durch jedweden Arzt war erleichtert worden. In Deutschland stellte Nikolowski 1973 fest, daß die Scheu gegenüber einer systemischen Anwendung von Kortikoiden bei der Anwendung von Externa in der Dermatologie nicht bestehe. Es drohe deshalb die Gefahr, daß Hautkrankheiten allgemein ohne vorhergehende diagnostische Bemühung mit einer Kortisonsalbe angegangen würden.

Es ist hier nicht zu entscheiden, ob das große Angebot kortikoidhaltiger Dermatika durch die pharmazeutische Industrie nur der lebhaften Nachfrage entsprach, oder ob und inwieweit bestimmte Marktstrategien auch die Rezeptierfreudigkeit dieser Mittel anreizten. Bereits 1959, sieben Jahre nach Einführung der ersten externen Hydrocortisonpräparate in Amerika, wurde resigniert festgestellt, es sei geradezu unmöglich, eine aktuelle Liste der täglich zunehmenden Zahl lokaler Hautkortikosteroide zusammenzustellen. Eine solche Aufstellung sei bereits unvollständig, wenn sie gelesen würde. 1961 waren auf dem nordamerikanischen Markt schon über 200 verschiedene kortisonhaltige Dermatika vertreten. Die Vielzahl unterschiedlichster Markennamen, so wurde beklagt, mache dem verordnenden Arzt eine Orientierung oder gar Beurteilung nur schwer möglich. 1976 wurden in der Schweiz für etwa 20 Millionen Schweizer Franken zweimillionenmal kortisonhaltige Dermatika verschrieben. 1978 soll in den Vereinigten Staaten wenigstens die Hälfte aller von Dermatologen verordneten Rezepte auf Kortikosteroide gelautet haben. In der Bundesrepublik waren 1975 über 160 kortikoidhaltige Externa im Handel, ohne Berücksichtigung ihrer unterschiedlichen Dosierungen und vielfachen Zubereitungsformen. Unter demselben Spezialitätennamen können sich mühelos zwanzig verschiedene Zubereitungsformen als Salbe, Creme, Gel, Lotio, Schaum, Lösung mit oder ohne verschiedenste Beimischung verbergen. Während der Umsatz systemischer Kortikosteroide 1971 nur 55 Millionen DM betrug, belief sich der Umsatz der lokalen Kortikosteroide auf 104,7 Millionen DM und stieg auf 196,1 Millionen DM 1981. Nikolowski sprach 1973 von einem entstandenen „Reflex: ‚Hautkrankheit – Cortisonsalbe‘ und Mitgabe des jeweils gerade vorhandenen Ärztemusters“.

Wachsende Kritik

Bereits in den 60er Jahren brachten zahlreiche Beobachtungen von Nebenwirkungen den weit verbreiteten Kortikoidgebrauch in Verruf. Eine wachsende Kenntnis der pharmakodynamischen Zusammenhänge machte gleichzeitig deutlich, wie schwierig eine verantwortungsbewußte Verordnung und Anwendung war. Die zunehmende öffentliche Kritik richtete sich gleichermaßen gegen

Hersteller wie Verschreiber der Tubenkortikoide. Anfang der 60er Jahre wurde auf irreversible Dehnungsstreifen (atrophische Striae) in der Leistenregion als Folge externer Kortikoidanwendung aufmerksam gemacht. Mehrfach wurden systemische Nebenwirkungen auch der lokalen Therapie festgestellt: Cushing-Syndrom, Wachstumsstörungen bei Kindern, Steroid-Akne, Steroid-Rosacea, Teleangiektasien, Purpura, Ekchymosen (Blutungen), tiefe Ulcera (Magen-Darm-Geschwüre), Glaukom und Katarakt (grüner und grauer Star). Das in den siebziger Jahren gemeldete „Rebound-Phänomen", das stärkere Wiederaufflammen der bekämpften Erscheinungen nach Absetzen der Kortikoidtherapie, schien die Patienten an das Medikament zu ketten. Krasse Fälle von „Atrophie der Glans penis" oder einem „verschwindenden Finger" infolge hochpotenter Steroide wurden beschrieben. Eine kritische Würdigung dieser Phänomene veranlaßte amerikanische Dermatologen Ende der siebziger Jahre, die pharmazeutische Entwicklung der letzten zwanzig Jahre scharf zu verurteilen: Immer potentere Steroide seien geschaffen, ihre Vorteile von den Klinikern gerne wahrgenommen, ihre Risiken aber nicht erkannt worden.

Ebenso gerieten leichtfertige Indikationsstellungen ins Feuer der Kritik. Es sei nicht zu entschuldigen, wenn trotz deutlicher Warnungen „schlechter Teint", „Pickel" oder Alterserscheinungen mit potenten Steroiden behandelt würden. In einem Artikel über „Gebrauch und Mißbrauch der lokalen Steroide" wagte der amerikanische Dermatologe C. D. Calnan die sarkastische Behauptung, daß viele Patienten ebensoviel Nutzen aus der Salbengrundlage zögen wie aus dem Steroidanteil. Eine äußerste Position wurde 1977 im British Journal of Dermatology formuliert: nur wenige würden der Aussage widersprechen, daß die Kortikosteroide in der Behandlung der Schuppenflechte mehr geschadet als genutzt hätten.

Diese Kritik vor allem englischsprachiger Dermatologen wurde von einigen deutschen Hautärzten aufgenommen, als sei das Kind mit dem Bade ausgeschüttet worden. Der Kieler Dermatologe A. Proppe kritisierte, daß es Mode geworden sei, stärker über die Nebenwirkungen einiger weniger Kortikosteroide zu sprechen statt über die Behandlungserfolge. Nur die Generation der über 50jährigen trage noch „das unmittelbare Erlebnis dieses umwälzenden Fortschritts in sich", den die moderne Steroidtherapie bedeutet hätte. „Die schnelle und elegante Hilfe, die bei geeigneter

Sachlage die externe Kortikosteroidbehandlung" leiste, lasse den Vorschlag, diese Medikamente den Patienten möglichst lange vorzuenthalten, als einen Verstoß gegen den ärztlichen Grundsatz erscheinen, auf keinen Fall zu schaden. Zwei Jahre später wurde der derzeitige Pessimismus beim Einsatz von Hautkortikosteroiden sogar als „unbegründet" bezeichnet. Derzeit bestehe keine adäquate Alternative. Allerdings wurden Kenntnisreichtum und kritische Haltung auf der Seite des verordnenden Arztes gefordert.

Es muß jedoch gefragt werden, inwieweit dies angesichts einer verwirrenden Präparatevielfalt und komplizierter pharmakodynamischer Sachverhalte vom durchschnittlichen Arzt überhaupt geleistet werden kann. Trotz vieler Einzelerkenntnisse über die Wirkungen der Kortikoide an einzelnen Zellsystemen der Haut ist der eigentliche Wirkungsmechanismus bis heute nicht bekannt. Orientierende Wirkungsvergleiche verschiedener Steroide erwiesen sich als fragwürdig, da neben Trägersubstanz, Wirkstofffreisetzung und Dosierung die Anwendungsform und der Anwendungsort von entscheidender Bedeutung sind. So ist die Aufnahme des Steroids je nachdem sehr unterschiedlich, ob das Medikament auf die Kopfhaut, den Unterarm oder das Skrotum (Hodensack) aufgetragen wird. Die grob orientierende Auffassung der Kliniker, Fluorierung gleich Potenz, erwies sich durch verschiedene Substanzen als überholt. Ebenso wurde 1974 die seit 1962 übliche Einteilung und Bewertung der Steroide nach dem Grad ihrer gefäßverengenden Eigenschaften in Frage gestellt. Denn die entzündungshemmende Wirkung erwies sich der Gefäßwirkung gegenüber nicht als proportional. Die Pharmakologie der Hautkortikosteroide erwies sich als eine immer komplizierter werdende Wissenschaft. Dies stand im krassen Gegensatz zu der allgemeinen Effektivität und Handlichkeit bei ihrer verbreiteten Anwendung. Erneut waren es die amerikanischen Autoren, die das schärfste Urteil wagten: nur wenige Allgemeinärzte hätten ausreichende dermatologische Kenntnisse. Die günstige therapeutische Breite der Hautsteroide verleite die meisten Ärzte dazu, sich mit der Pharmakologie der Medikamente nicht auseinanderzusetzen (Kligman und Kaidbey). ›The Lancet‹ sprach im Herbst 1977 von einem „gefährlichen Dschungel" der lokalen Steroide. Das Problem habe inzwischen einen solchen Umfang angenommen, daß der Dermatologe in jeder Klinik gewohnt sei, zumindest einen Patienten mit Steroidkomplikationen in seiner Klinik zu haben. Die verschreibenden Ärzte seien über die Indikationen und Kontraindikationen und über die Behandlungsregeln der dermatologischen Steroidtherapie nicht genügend aufgeklärt. Eine andere Ursache für die Konfusion unter den Ärzten sei die Vielfalt der Präparate.

Der Großteil der kortikosteroidhaltigen Externa waren Kombinationspräparate mit weiteren Steroiden, Antibiotika und anderen Stoffen. Von pharmakologischer Seite wurde die großzügige Verordnung dieser kortikoidhaltigen Kombinationspräparate kritisiert. In den Präparaten befänden sich die Steroide in festgelegter Dosierung. Die individuelle und kleinstmögliche Dosierung gehöre aber zu den wesentlichen ärztlichen Aufgaben bei der Cortisontherapie. Andererseits würden sich die äußerst wirksamen Substanzen aber auch nicht als Quasi-Placebo-Substanz eignen. Auf dem deutschen Markt, hieß es 1980, gäbe es glukokortikoidhaltige Arzneimittel-Kombinationen als Aerosole, Tabletten und Injektionslösungen mit bis zu acht Komponenten, „von denen einige nur als bizarr bezeichnet werden“ könnten (Schmutzler). Diese Kombinationen könnten amerikanischen Richtlinien für Kombinationsarzneimittel nicht standhalten. Danach muß jeder Arzneimittelbestandteil eines Kombinationspräparates zur erklärten Gesamtwirkung beitragen, und die Dosierung jeder Komponente muß so sein, daß die Kombination sicher und für eine signifikante Patientengruppe effektiv ist.

Nach solchen Urteilen wurde zunehmend Kritik am Herstellungs- und Vertriebsmodus der Glukokortikoide sowie am Verschreibungsverhalten der Ärzte geübt. Dazu zwei umstrittene Beispiele aus der Bundesrepublik: 1983 versuchte das äußerst kontrovers diskutierte Buch ›Bittere Pillen‹, die Patientenschaft über Nutzen und Risiken von rund 2300 bundesdeutschen und österreichischen Arzneimitteln zu informieren. Das Buch wollte sich nicht global gegen Medikamente richten, es sollte aber die Umsetzung wissenschaftlich relevanter Erkenntnisse für den Arzneimittelmarkt durch öffentlichen Druck beschleunigen. Von 60 bewerteten Präparaten wurden nur 17 als „therapeutisch zweckmäßig“ beurteilt. Die Autoren beriefen sich dabei auf eine reichhaltige Fachliteratur sowie auf Feststellungen der Arzneimittelkommission der deutschen Ärzteschaft. Eine andere Publikation wandte sich 1984 gegen „die Praktiken der Praxisärzte“. Angeblich würde 230 000mal jährlich Säuglingen bis zu einem Jahr ein Cortisonpräparat verordnet. Die starke Durchlässigkeit der jugendlichen Haut mache jedoch „jede großflächige Behandlung mit Cortison zu einem Anschlag auf die Gesundheit“. Auf Grund der mitgeteilten Daten polemisierte

›Der Spiegel‹, „wie sorglos die Pharma-Branche den millionenfach nachgewiesenen falschen Einsatz ihrer oft gefährlichen Medikamente duldet und nicht das geringste unternimmt, die leichtsinnigen Doktoren auf ihre folgenschweren Irrtümer aufmerksam zu machen“.

Heutige Tendenzen

Wie diese Beispiele zeigen, wurden die kritischen Argumente der Experten zehn Jahre nach dem ablehnenden Ausschlagen des „Cortisonpendels“ in der medizinischen Fachliteratur in den letzten Jahren durch eine öffentlichkeitswirksame Publizistik aufgegriffen. Zweifellos ging es dabei auch um eine notwendig erscheinende gesellschaftliche Auseinandersetzung um das Grundkonzept des heutigen Gesundheitswesens im Schnittpunkt staatlicher, standespolitischer, marktwirtschaftlicher und privater Interessen. Insbesondere von standespolitischer Seite wurde dieser Kritik vorgehalten, sie verunsichere lediglich die Patienten und trübe das Vertrauensverhältnis zwischen Arzt und Krankem. Wie dem auch sei, die Wachsamkeit der Patienten wurde erhöht. Durch die skeptisch-ablehnende Haltung der Patienten sind die verschreibenden Ärzte mehr denn je gezwungen, sich um eine Behandlung zu bemühen, die selbstverständlich sein muß: um eine sachlich begründete, rationale und differenzierte Therapie. Dabei sind die extremen Positionen der Cortison-Bewertung von der Mehrheit der Mediziner inzwischen verlassen worden.

Heute gehören die Kortikosteroide aufgrund der entzündungshemmenden, immunsuppressiven und antiproliferativen Wirkung auf zahlreiche Hauterkrankungen noch immer zu den am häufigsten angewandten Medikamenten in der Dermatologie. Wie man inzwischen weiß, beruht die Möglichkeit einer externen Anwendung auf dem Vorhandensein von Kortikosteroidrezeptoren in der Haut. Die unerwünschten Wirkungen der externen Steroidtherapie sind grundsätzlich ein Zuviel an Wirkung. Zum wichtigsten Therapieziel gehört deshalb, den Mittelweg zwischen ausreichender Wirksamkeit und zu vermeidenden Nebenwirkungen zu finden. Dies kann nur erreicht werden durch die sorgfältige Auswahl eines Kortikoids mit passendem Wirkprofil, durch eine abgewogene Behandlungsstrategie und einen festgelegten Behandlungsplan. Bei der externen Cortisontherapie sind insbesondere folgende Gesichtspunkte von Bedeutung:

1. *Auswahl des passenden Kortikosteroids*
   - Berücksichtigung des unterschiedlichen Wirkprofils der verschiedenen Kortikosteroide und Kortikoide. (Eine Bewertung und Klassifikation der Externkortikoide ist nach verschiedenen Testverfahren mit allerdings unterschiedlicher Gewichtung möglich.)
   - Auswahl einer geeigneten Trägersubstanz (z. B. Emulsion, Öl, Puder, Fettsalbe usw.) in Abhängigkeit von Erkrankung und Krankheitsstadium.
   - Möglichkeit einer Kombination mit anderen Wirkstoffen unter bestimmten Bedingungen (z. B. Wirkungssteigerung durch Harnstoff- oder Salicylat-Zusätze. Die Kombination mit antibiotischen, antiseptischen oder antimykotischen Zusätzen wird zunehmend kritisch bewertet, kann aber unter *besonderen* Umständen und nach *eingehender* Diagnostik notwendig erscheinen).
2. *Unterschiedliche Wirkung der Kortikoide* in Abhängigkeit von
   - der Vorschädigung der Haut,
   - der Lokalisation (unterschiedliche Rezeptorendichte verschiedener Hautbezirke, Depoteffekt der Hornhaut und insbesondere bei chronischen Dermatosen),
   - vom Alter (verminderte Barrierefunktion der Haut bei Säuglingen und alten Menschen).
3. *Behandlungsstrategische Gesichtspunkte*
   - Mögliche Wirkungsabschwächung bei fortdauernder Therapie (sog. Tachyphylaxie).
   - Intervalltherapie (zeitlich festgelegter Wechsel zwischen Cortisonanwendung und z. B. Anwendung lediglich der steroidfreien Trägersubstanz).
   - Stufentherapie (z. B. Wechsel auf ein weniger potentes Kortikoid nach anfänglicher Therapie mit einem stärkeren).
   - Wiederaufflammen der Dermatose bei zu abrupter Therapiebeendigung (sog. Rebound-Effekt).
   - Möglichkeit einer intrafokalen und perifokalen Anwendung durch intra- oder subläsionale Injektionen.

Unter Berücksichtigung dieser Bedingungen sind die Indikationen für eine dermatologische Cortisontherapie auch heute noch so zahlreich, daß eine umfassende Aufzählung an dieser Stelle nicht sinnvoll erscheint und auf die Fachliteratur verwiesen werden muß. Zu den klassischen Indikationen für eine externe Kortikosteroidtherapie gehören nach Niedner und Schöpf Dermatitiden,

Ekzeme, Lupus erythematodes der Haut, Lichen-Erkrankungen, Alopecia areata u. a. m. Die Psoriasis vulgaris stellt nur in Ausnahme- und Sonderfällen eine Indikation dar wegen der höheren Rezidivrate nach Absetzen des Steroids. Zu den Kontraindikationen zählen virusbedingte sowie rosazeaartige Dermatitiden, Epizoonosen und vor allem syphilitische und tuberkulöse Hauterkrankungen.

Bei zahlreichen, zum Teil sehr schweren Erkrankungen mit Hautveränderungen besteht die Notwendigkeit einer systemischen Cortison-Anwendung. Zu den absoluten Indikationen gehören akute allergische Dermatosen mit lebensbedrohlicher Reaktion des Gesamtorganismus (z. B. schwere akute Urtikaria, Quincke-Ödem, Lyell-Syndrom u. a.) oder Autoimmunerkrankungen (wie Pemphigus in den verschiedenen Formen, Lupus erythematodes, Dermatomyositis, Panarteriitis nodosa, Arteriitis temporalis, progressive systemische Sklerodermie usw.). Großflächige und durch externe Applikation nicht zu beherrschende Dermatosen können eine relative Indikation zur systemischen Kortikosteroidtherapie darstellen. Bei vielen dieser Erkrankungen besteht die Indikation zur Kortikosteroidtherapie nur in einer bestimmten Krankheitsphase zur Beherrschung einer akuten Exazerbation oder Komplikation der Erkrankung (z. B. bei akuter Urtikaria, insbesondere mit Quincke-Ödem, in der ödematösen, indurativen Phase der progressiven systemischen Sklerodermie oder etwa beim Herpes zoster zur Vermeidung einer Zoster-Neuralgie).

14. DAS PROBLEM DER UNERWÜNSCHTEN WIRKUNGEN

Es war nun schon mehrfach von den unerwünschten Wirkungen der Cortisontherapie die Rede und davon, daß sie in manchen Phasen der Cortisongeschichte, bei der Behandlung ganz unterschiedlicher Krankheiten und unter verschiedenen Anwendungsformen dazu geführt haben, daß die Begeisterung über die positiven therapeutischen Effekte ins Gegenteil umschlug, eine Entwicklung, die wir das Cortisonpendel nennen.

In diesem Kapitel soll deshalb ein Überblick über die möglichen unerwünschten Wirkungen nach dem heutigen Kenntnisstand gegeben und es sollen Wege aufgezeigt werden, die man beschreiten kann und muß, um das Risiko dieser Therapie zu reduzieren.

Ph. Hench hatte bereits in seiner ersten Publikation 1949 darauf hingewiesen, daß die (damals nur kurzfristige) Anwendung von Cortison bei Patienten mit chronischer Polyarthritis zu Magenbeschwerden, vorübergehenden Wasseransammlungen, Gesichtsrundung, Euphorie, Akne, Gesichtsbehaarung bei Frauen und Menstruationsstörungen führen kann.

Wenige Monate später erweiterte Hench die Liste der unerwünschten Wirkungen erheblich und erwähnte, daß 60% der von ihm behandelten Patienten sogenannte side-effects aufwiesen, wobei 35% als relativ harmlos, 25% aber als gravierend angesehen wurden. Ein Großteil der heute bekannten unerwünschten Wirkungen wurde bereits erwähnt.

Die Verminderung der Knochendichte (Osteoporose), die heute als eine der bedeutendsten Nebenerscheinungen angesehen wird, wurde erst 1952 erstmalig beobachtet, da sie ja erst nach längerer Therapie klinisch bemerkbar wird.

Ernsthafte Myopathien (Muskelschwächen) wurden erst festgestellt, nachdem Ende der 50er Jahre die 9-alpha-fluorierten Präparate Eingang in die Therapie fanden.

Das Auftreten von aseptischen Knochennekrosen, speziell am Hüft- und Oberarmkopf, wurde erst 1957 mit Anwendung sehr hoher Dosen zur Behandlung der Organabstoßung nach Transplantation beobachtet.

Jedenfalls war schon in den 50er Jahren klar, daß bei jeder, zumindest längerdauernden Behandlung mit unerwünschten Wirkungen gerechnet werden muß.

Zu dieser Zeit war es durchaus geläufig, daß hochwirksame Medikamente in einem gewissen Prozentsatz der Fälle zu Nebenwirkungen führen, wobei diese Nebenwirkungen entweder allergischer oder toxischer Natur sind.

Durch Cortison entstand jedoch eine ganz neue Situation in der Pharmakotherapie, da *jeder* mit diesem Mittel behandelte Patient mit unerwünschten Wirkungen rechnen muß. Dies rührt daher, daß erstmals ein Hormon nicht zur Substitution eines Hormonmangels, sondern zur Erzielung pharmakologischer Wirkungen verwendet wurde. Um solche zu erreichen, ist – wie auf Seite 123ff. ausgeführt – die Verabreichung unphysiologisch hoher Hormonmengen Voraussetzung.

Ursachen

Der ständige Hormonüberschuß im Organismus führt zwangsläufig zu dem klinischen Bild der Nebennierenrinden-Überfunktion, wie es Cushing beschrieben hat (s. S. 41). Man spricht von iatrogenem Cushing oder besser von *exogenem Hyperkortizismus*.

Dazu gehören neben dem typischen äußeren Bild mit Vollmondgesicht, Stammfettsucht, Büffelnacken, Muskelschwäche sowie Hautveränderungen wie Akne, Dehnungsstreifen und Blutungen auch Stoffwechselstörungen im Zucker-, Fett-, Eiweiß- und Elektrolythaushalt. Weiter muß mit Osteoporose, Erschwerung der Wundheilung und bei Kindern mit Wachstumsstörung gerechnet werden.

Beim iatrogenen Cushing-Syndrom können noch einige gravierende Auswirkungen des Hyperkortizismus hinzukommen, die beim spontanen Cushing-Syndrom praktisch nicht beobachtet werden: grüner und grauer Star sowie aseptische Knochennekrosen.

Die ständige künstliche Erhöhung des Kortikoidspiegels hat Rückwirkungen auf den adrenalen Regelkreis. Sie führt zu einer Hemmung des ganzen Systems und damit zu einem *endogenen Hypocortisolismus*. Die Hemmung der ACTH-Bildung beginnt schon wenige Minuten nach Verabreichung einer Kortikoiddosis. Eine Störung des gesamten Systems ist nach 3- bis 5tägiger Therapie zu erwarten. Fortgesetzte Kortikoidbehandlung führt zu regressiven

Veränderungen in der Nebennierenrinde und damit zu einer Atrophie des Organs (s. Abb. S. 77).

Die Störung bleibt latent, solange die pharmakologische Kortikoidtherapie fortgesetzt wird. Komplikationen können aber dann auftreten, wenn diese Behandlung abrupt abgesetzt wird oder wenn der Patient in eine Streßsituation gerät, die normalerweise mit einer erheblichen Steigerung der Cortisolbildung beantwortet würde. Das atrophierte Organ ist natürlich nicht in der Lage, solche Situationen zu kompensieren. Der Patient gerät in eine akute Nebennierenrinden-Insuffizienz und kann nur gerettet werden, wenn er behandelt wird, wie dies auf Seite 82 ausgeführt wurde.

Schließlich gibt es noch eine dritte Gruppe von unerwünschten Wirkungen, die sich aus dem *Wirkungsmechanismus* der Kortikoide ableiten, d. h. unerwünschte Auswirkungen der gewünschten Gewebswirkung. Hierzu gehören in erster Linie Behinderung der Infektionsabwehr, Verhinderung der Abheilung eines Magengeschwürs und damit Förderung von Komplikationen, erhöhtes Arterioskleroserisiko und Entwicklung von lokalisierten Fettablagerungen.

Ein typischer, bei vielen chronischen Krankheitsbildern erwünschter Effekt der Kortikoide ist die *psychomotorische Stimulierung*. Sie kann sich in seltenen Fällen zu Erregungszuständen, Trugwahrnehmungen und Wahnvorstellungen steigern. Aber auch das Gegenteil kann auftreten: eine Depression. Bei langfristiger Anwendung kann sich eine *Cortisongewöhnung* entwickeln, so daß eine Beendigung der Therapie selbst dann nicht möglich ist, wenn sie von seiten der organischen Krankheit nicht mehr notwendig wäre. H. Jesserer sprach Anfang der 70er Jahre von Cortisonismus und glaubte, daß es sich um eine Sucht handle. Heute sieht man diese Zustände als psychophysische Abhängigkeit an, die Beziehungen zum sogenannten Cortison-Entzugssyndrom aufweist.

Ausmaß

Ob und in welchem Umfang unerwünschte Wirkungen auftreten, hängt von vielen Faktoren ab:
- Genetische Prädispositionen (z. B. für Zuckerkrankheit)
- Alter und Geschlecht des Patienten (alte Menschen und Frauen weisen mehr unerwünschte Wirkungen auf)

- Grundkrankheit (chronische Polyarthritis prädisponiert zu Osteoporose und Magengeschwürsbildung)
- Krankheitsbilder, die den Stoffwechsel der Kortikoide verändern (z. B. chronische Leberkrankheiten)
- Erniedrigter Plasmaeiweißgehalt (infolge erhöhter Werte an freiem, nicht an Eiweiß gebundenen Kortikoid stärkere Wirkungen und Nebenwirkungen)
- Sogenannte Interaktionen, d. h. Störungen der Arzneimittelwirkung durch gleichzeitig verabreichte Medikamente (s. S. 107 u. 127)
- Dosis und Dauer der Therapie, verwendetes Präparat und Anwendungsform.

Unerwünschte Wirkungen, die unter einer Kortikoidtherapie auftreten können, haben eine sehr unterschiedliche Wertigkeit.

Am gravierendsten sind die glücklicherweise äußerst seltenen *lebensbedrohlichen Komplikationen* wie das Auftreten einer anaphylaktischen, d. h. bedrohlichen allergischen Allgemeinreaktion nach intravenöser Verabreichung eines Steroidesters oder Herzrhythmusstörungen bei hochdosierter Stoßtherapie.

Verhängnisvoll kann eine Magengeschwürsperforation oder -blutung sein.

Schwerwiegend sind jene Komplikationen, die sich nicht zurückbilden können, wie z. B. aseptische Osteonekrosen und die Osteoporose. Auch die weibliche Gesichtsbehaarung bleibt bestehen und wird von vielen Frauen als schwere Belastung empfunden.

Alle anderen möglichen Nebenwirkungen einschließlich der Störung des adrenalen Regelkreises sind *reversibel,* wenngleich es unter Umständen Monate bis Jahre dauern kann (z. B. bei der Muskelschwäche), bis alle Folgen verschwunden sind.

Wege zur Vermeidung

Schon lange weiß man, daß durch eine kurzfristige hoch- und selbst sehr hochdosierte Therapie nur ein minimales Nebenwirkungsrisiko entsteht, während jede Langzeittherapie mit Komplikationen belastet ist.

Man wird also versuchen, Langzeittherapien nach Möglichkeit zu vermeiden. Das gelingt nur durch sehr *strenge Indikationsstellung,* auf die in den einzelnen Kapiteln eingegangen wird.

Andererseits gibt es nicht wenige chronisch-entzündliche

Krankheiten, die nur durch eine langfristige Kortikoidtherapie beeinflußt werden können, wie z. B. alle Formen der Riesenzellarteriitis, manche Verlaufsformen der chronischen Polyarthritis, die Sarkoidose, verschiedene Asthmaformen, der Morbus Crohn usw.

In diesen Fällen hängt alles davon ab, ein Therapieschema zu verwenden, das Risiken vermeidet. Es gibt heute, nach 40jähriger Erfahrung, ganz klare *Empfehlungen für die Langzeittherapie:*

- Erhaltungsdosis nicht über 7,5 mg Prednisolon-Äquivalent.
- Verabreichung der Tagesdosis morgens vor 8.00 Uhr auf einmal.
- Verwendung von Präparaten mit geringer Hemmwirkung (d. h. in erster Linie Vermeidung von fluorierten Produkten).

Folgende während vieler Jahre geübte *Therapieformen* gelten heute als *überholt*:

- Kombinationspräparate mit nichtsteroidalen Pharmaka.
- Sogenannte Retard-Präparate.
- Intramuskuläre Injektionen von Kristallsuspensionen zur Depot-Therapie.

Eine Verstärkung unerwünschter Wirkungen durch *Interaktionen* muß bei gleichzeitiger Gabe folgender Pharmaka beachtet werden:

- Diuretika und Laxantien (wassertreibende und Abführmittel): Erhöhter Kaliumverlust mit seinen klinischen Folgen.
- Schilddrüsenhormone: Verstärkung der eiweißabbauenden Wirkung.
- Saluretika (wassertreibende Mittel): Verstärkung der prodiabetischen Wirkung.
- Sogenannte Antirheumatika: Verstärkung von Magenstörungen.

Folgende *Vorsichtsmaßnahmen sind bei Risikopatienten* zu treffen:

- Magen- und Zwölffingerdarm-Geschwür: Gleichzeitige Therapie mit entsprechenden Medikamenten.
- Akute und chronische bakterielle Infektionen: Gezielte antibiotische bzw. tuberkulostatische Therapie.
- Mykosen (systemische Pilzkrankheiten): Gleichzeitige gezielte Therapie.
- Hochgradiger Bluthochdruck: Kombinierte Hochdrucktherapie.
- Schwere Zuckerkrankheit: Klinische Überwachung und evtl. Anpassung der Insulintherapie.
- Osteoporose (verminderte Knochendichte): Gleichzeitige Fluor- und Kalzium- sowie eventuell Vitamin-D-Gabe.

- Daß verschiedene Medikamente die Verstoffwechslung der Kortikoide beschleunigen können, so daß sie höher dosiert werden müssen, wird auf S. 127 dargestellt.
- Psychiatrische Anamnese: Nervenärztliche Überwachung.
- Glaukom: Engmaschige augenärztliche Überwachung und Therapie.
- Kinder im Wachstumsalter: Alternierende oder intermittierende Steroidanwendung.
- Erniedrigter Bluteiweißgehalt: Angepaßte Kortikoiddosierung.

Schließlich müssen bei jeder Langzeittherapie die bekannten *Überwachungsschemen* eingehalten werden:

- *Anfangs alle 14 Tage, später einmal pro Monat*
  sollte der Arzt jeden Patienten mit Langzeitbehandlung sehen, sprechen und untersuchen; speziell im Hinblick auf eventuell sich anbahnende unerwünschte Wirkungen.
- *Alle 3 Monate*
  sollten Blut- und Urinanalysen sowie eine augenärztliche Untersuchung durchgeführt werden.
- *Bei bestehenden Beschwerden*
  ergeben sich weitere Untersuchungen wie Röntgen der Lunge, der Lendenwirbelsäule oder Magenspiegelung.

Schließlich kann auch der *Patient einen Beitrag zur Vermeidung unerwünschter Wirkungen leisten.* Das wird auf Seite 149ff. ausgeführt.

15. REAKTION VON PHARMAZIE UND PHARMAKOLOGIE

Die unerwünschten Wirkungen der Cortisontherapie haben nicht nur Patienten und Ärzte verunsichert, sondern beschäftigten natürlich auch die Grundlagenwissenschaftler. Die Einführung des Cortison in die Therapie des Gelenkrheumatismus beruhte ja, wie ausführlich dargestellt, nicht auf einer exakten wissenschaftlichen Basis, sondern auf Analogieschlüssen von Philip Hench, die sich später als gar nicht zutreffend herausstellten – eine Entwicklung, die fast alle heute in der Rheumatologie wichtigen Therapieprinzipien genommen haben. So wurde es zunächst notwendig, die physiologischen und pharmakologischen Wirkungen dieses Hormons zu erforschen. Bessere Kenntnis des Wirkungsmechanismus sollte zu präziserer Indikationsstellung führen. Dafür kämpfte insbesondere Kendall, der von Sorge davor erfüllt war, daß der therapeutische Wert seiner Entdeckung in Frage gestellt würde. Und er sollte damit auch recht behalten.

Die Kortikoide

Zu einem ersten Erfolg führten die Bemühungen der pharmazeutischen Industrie. Bei der Suche nach wirtschaftlichen Herstellungsverfahren wurde entdeckt, daß eine chemische Abwandlung des Moleküls zu einer Änderung der therapeutischen Wirkung führt. Diese Feststellung wirkte wie ein Fanal: Fieberhaft wurde in vielen Industrielaboratorien versucht, das Molekül so abzuwandeln, daß es seine volle therapeutische Wirkung behält, aber die unerwünschten Wirkungen verliert. Das Problem erwies sich als unlösbar, wie man heute nach Aufklärung des Wirkungsmechanismus dieser Substanzen weiß. Dennoch waren die Bemühungen der Laboratorien nicht nutzlos, denn es entstanden Präparate, die für verschiedene Anwendungsformen Vorteile brachten.

Für die systemische Therapie war die Entwicklung des Delta-1-Dehydrocortison bzw. Delta-1-Dehydrocortisol, die *Prednison* bzw. *Prednisolon* genannt werden, durch Schering (USA) 1955 ein entscheidender Fortschritt. Nicht so sehr, weil diese Präparate etwa 4mal stärker entzündungshemmend wirken, sondern weil sie weitgehend von der Mineralokortikoidwirkung befreit sind. Unter der Verabreichung von Cortison und Cortisol (Hydrocortison) in höheren Dosen war es stets zu Natrium- und Wasserretention mit der Folge von Bluthochdruck und Ödembildung sowie zu Kaliumverlusten mit lähmungsähnlichen Erscheinungen gekommen. Prednison und Prednisolon gelten heute als die Steroidpräparate der Wahl für die systemische pharmakologische Kortikoidtherapie.

Das zuerst verwendete *Cortison,* das der ganzen Hormongruppe den Namen gegeben hat, wird heute nicht mehr verordnet.

Cortisol (Hydrocortison), das schon kurze Zeit nach seiner Entdeckung als das physiologische Glukokortikosteroid erkannt wurde, ist dagegen das Mittel der Wahl für die Substitutionstherapie, d. h. für alle Krankheitszustände, die auf einem Mangel an körpereigenem Hormon beruhen.

Weitere dem Prednisolon praktisch gleichwertige, in ihrer Wirkungsstärke etwas unterschiedliche Derivate sind das 1957 von Upjohn (USA) entwickelte *6-Methylprednisolon* und das von Merck (Deutschland) 1963 hergestellte 16-Methylenprednisolon *(Prednyliden).*

Die weitere Entwicklung ging von der Erfahrung der Chemiker aus, daß halogenierte Substanzen wirkungsstärker sind. Erstes Derivat dieser Art war das 9-alpha-Fluor-16-alpha-hydroxyprednisolon *(Triamcinolon)* von Lederle (USA). Es folgten von Merck (USA) das 9-alpha-Fluor-16-alpha-methylprednisolon *(Dexamethason)* und das Analog 9-alpha-Fluor-16-beta-methylprednisolon *(Betamethason)* von Schering (USA). Jedes dieser Präparate war noch wirkungsstärker als das vorhergehende. Hersteller und Kliniker waren davon begeistert, daß man nun dieselben therapeutischen Wirkungen mit einer noch erheblich geringeren Dosis erreichen konnte, bei Dexamethason und Betamethason nur mit $1/10$ der Prednisondosis. Die Freude dauerte indes nur kurz, da die Hoffnung, daß niedrigere Dosis auch geringere Nebenwirkungen bedeute, sich als falsch erwies. Die fluorierten Derivate haben zwar praktisch überhaupt keine Mineralwirkung mehr, dafür ist ihre Hemmwirkung auf den adrenalen Regelkreis deutlich stärker. Das Risiko unerwünschter Wirkungen war deshalb nicht geringer, sondern größer geworden. Aus diesem Grunde werden heute die fluorierten Präparate nur für kurzfristige systemische Behandlung

Tab. 3: Die verschiedenen Cortisonpräparate (nach Kaiser 1987)

Kurzbezeichnung	Formel und chemische Bezeichnung	In der Bundesrepublik Deutschland gebräuchliche Handelspräparate (ohne Retard-, Depot- und Kombinationspräparate)*
Cortison	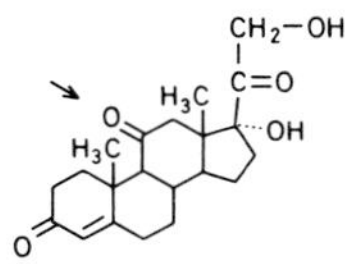	**Tabletten:** Cortison CIBA 25 mg (Cortisonazetat)
Cortisol (Hydrocortison)	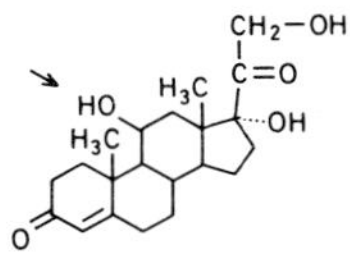	**Tabletten:** Hydrocortison „Hoechst" 10 mg **Injektionsformen:** Hydrocortison „Hoechst" zur Infusion 20 ml/100 mg (in 50% Ethanol gelöst!) Hydrocortison (Upjohn) 100 mg, 250 mg, 500 mg, 1000 mg (Trockensubstanz als Hydrogensukzinat)
Prednison	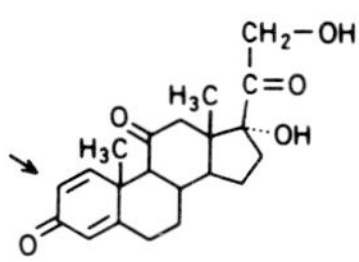 Δ_1-Dehydrocortison	**Tabletten:** Decortin 1 mg, 5 mg, 50 mg Hostacortin 5 mg Ultracorten 5 mg, 50 mg
Prednisolon	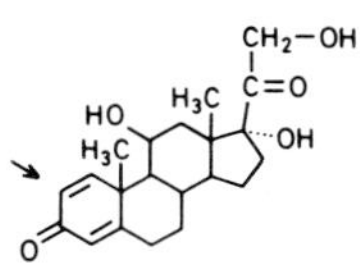 Δ_1-Dehydrocortisol	**Tabletten:** Decortin-H 5 mg, 50 mg Deltacortril 5 mg Hostacortin-H 5 mg Scherisolon 5 mg **Injektionsformen:** Hostacortin „H" solubile 25 mg Solu-Decortin-H 10 mg, 25 mg, 50 mg, 250 mg, 1000 mg Ultracorten-H wasserlöslich 25 mg, 50 mg, 250 mg, 1000 mg

Tab. 3 (Forts.)

Kurzbezeichnung	Formel und chemische Bezeichnung	In der Bundesrepublik Deutschland gebräuchliche Handelspräparate (ohne Retard-, Depot- und Kombinationspräparate)*
Methylprednisolon	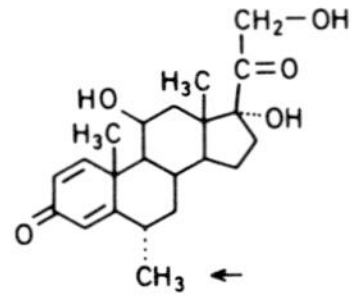 6α-Methylprednisolon	**Tabletten:** Medrate 4 mg Urbason 4 mg, 16 mg, 40 mg **Injektionsformen:** Medrate solubile 40 mg, 125 mg, 500 mg, 1000 mg Urbason solubile 20 mg, 40 mg, 250 mg, 1000 mg
Prednyliden	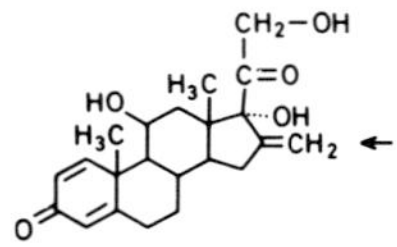 16-Methylenprednisolon	**Tabletten:** Decortilen 6 mg, 24 mg, 60 mg **Injektionsformen:** Decortilen solubile 30 mg, 60 mg
Cloprednol	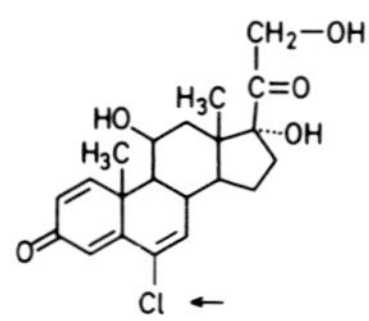 6-Chlor-6-dehydroprednisolon	**Tabletten:** Syntestan 2,5 mg, 5 mg
Fluocortolon	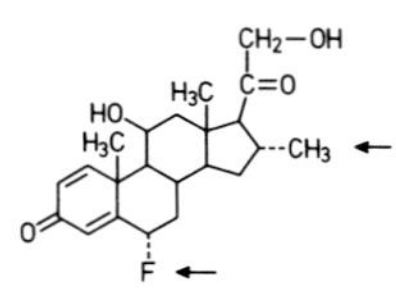 6α-Fluor-16α-methyl-1-dehydrocorticosteron	**Tabletten:** Ultralan-oral 5 mg, 20 mg, 50 mg
Triamcinolon	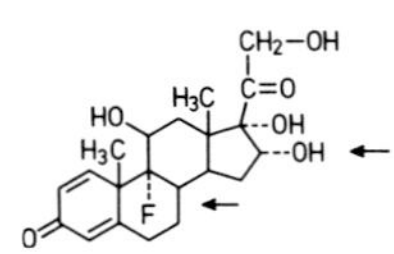 9α-Fluor-16α-hydroxyprednisolon	**Tabletten:** Delphicort 2 mg, 4 mg, 8 mg Volon 1 mg, 4 mg, 8 mg, 16 mg **Injektionsformen:** Volon A solubile (als Azetonid) 10 mg, 40 mg, 80 mg, 200 mg

Tab. 3 (Forts.)

Kurzbezeichnung	Formel und chemische Bezeichnung	In der Bundesrepublik Deutschland gebräuchliche Handelspräparate (ohne Retard-, Depot- und Kombinationspräparate)*
Paramethason	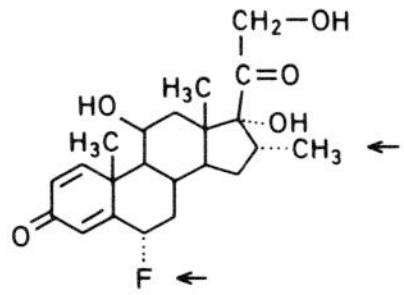 6α-Fluor-16α-methylprednisolon	**Tabletten:** Monocortin 2 mg **Injektionsformen:** Monocortin-S-Ampulle, 20 mg
Dexamethason	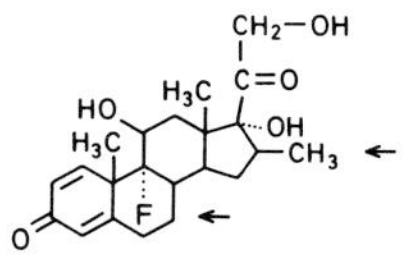 9α-Fluor-16α-methylprednisolon	**Tabletten:** Fortecortin 0,5 mg, 1,5 mg, 4 mg **Injektionsformen:** Fortecortin Mono 4 mg, 8 mg, 40 mg, 100 mg Decadron-Phosphat 4 mg, 8 mg, 20 mg, 48 mg, 120 mg
Betamethason	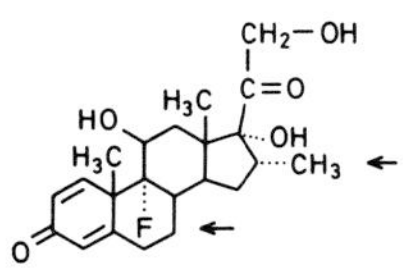 9α-Fluor-16β-methylprednisolon	**Tabletten:** Betnesol 0,5 mg Betnesol WL (Wasserlösl.) Tabletten 0,5 mg Celestan 0,5 mg **Injektionsformen:** Celestan solubile 4 mg, 20 mg

* Die Tabelle ist ohne Anspruch auf Vollständigkeit.

empfohlen; sie sollten nicht über längere Zeit eingenommen werden. Ihr besonderer Wert liegt in der topischen Anwendung, bei der es darauf ankommt, mit einer einzigen Verabreichung eine starke und langanhaltende Wirkung zu erzielen.

Nachdem also die Wirkungsverstärkung als solche keinen Fortschritt bedeutete, haben die letzten Entwicklungen keine wesentliche Wirkungsverstärkung mehr zum Ziel gehabt. 1961 wurde von Schering (Deutschland) das 6-alpha-Fluor-16-alpha-methyl-1-dehydrocorticosteron *(Fluocortolon)* hergestellt, das, obwohl kein Cortisol-, sondern ein Corticosteron-Derivat, dem Prednisolon wirkungsgleich ist, allerdings eine länger anhaltende Hemmwirkung auf den adrenalen Regelkreis hat.

6-Chlor-6-dehydroprednisolon *(Cloprednol)*, 1962 von Syntex (USA) entwickelt – derzeit nur in der Schweiz und in Deutschland im Handel –, ist etwas wirkungsstärker als Prednisolon, scheint aber keine stärkere Hemmwirkung zu haben.

Seit 1963 ist kein neues Kortikoid mehr in den Handel gekommen. Das ist nicht verwunderlich, wenn heute weltweit immer noch die 1955 entwickelten Präparate Prednison und Prednisolon als die günstigsten Kortikoide für die systemische Therapie angesehen werden.

ACTH und Lipocortin

Es war bereits davon die Rede, daß *ACTH* schon vor Cortison zur Verfügung stand. Das Präparat konnte sich jedoch zunächst nicht durchsetzen, da es entweder tägliche Infusionen oder mehrmals tägliche Injektionen erforderte. Auch entwickelten sich auf das tierische Produkt nicht selten ernsthafte allergische Zwischenfälle. Durch die synthetische Herstellung eines vollwirksamen β_{1-24}-ACTH (Tetracosactid) und Entwicklung einer Depotform wurde die Therapie zur echten Alternative gegenüber den Kortikoiden. Es stellte sich sogar heraus, daß diese Behandlung Vorteile hatte: Nur wenige Tage mußte man das Depotpräparat täglich injizieren und konnte dann auf eine Injektion zweimal pro Woche zurückgehen. Diese intermittierende Anwendung führte nicht zu einer stärkeren Störung des adrenalen Regelkreises; der Patient blieb streßfähig. Auch andere unerwünschte Wirkungen wie Wachstumsstörungen, Osteoporose, Myopathie und Magen-Darm-Störungen waren geringer. Allerdings hatte das Präparat auch Nachteile: Unter dem Einfluß des Cortisol kam es zu Natrium-Wasser-Retention und Kaliumausscheidung; die Androgene führten zu Akne, Gesichtsbehaarung bei Frauen (Hirsutismus) und Menstruationsstörungen.

Viele Ärzte, vor allem in Frankreich und den skandinavischen Ländern, haben über viele Jahre ACTH gegenüber den synthetischen Kortikoiden bevorzugt. Leider stellte sich Ende der 70er Jahre heraus, daß auch dieses synthetische Produkt eine Sensibilisierung hervorrufen kann, die bei späterer Anwendung schwere anaphylaktische Reaktionen auslösen kann. Aus diesem Grunde ist ACTH heute für die Therapie verlassen worden. Unverzichtbar bleibt sein Wert für die diagnostische Klärung von Nebennierenrinden-Funktionsstörungen in Form des sogenannten ACTH-Testes.

Große Hoffnungen hatte man in das heute gentechnologisch herstellbare *Lipocortin* gesetzt, jenes Eiweiß, das als Ausdruck der Cortisonwirkung in der Zelle gebildet wird (s. S. 116). Mit Lipocortin sollte eine von Hormonwirkungen freie Entzündungshemmung möglich sein. Leider hat sich diese Hoffnung nicht erfüllt. Das von außen zugeführte Lipocortin wird offenbar von verschiedenen körpereigenen Substanzen neutralisiert, so daß es keine ausreichende entzündungshemmende Wirkung entfaltet.

Der Traum vom voll wirksamen, aber nebenwirkungsfreien Cortison hat sich nicht erfüllt. Daß er gar nicht erfüllbar ist, ergibt sich aus dem Wirkungsmechanismus.

Aufklärung des Wirkungsmechanismus

Die Aufklärung des Wirkungsmechanismus hinkte der therapeutischen Anwendung hinterher und ist auch heute trotz einer nicht mehr überschaubaren Menge von Einzeluntersuchungen noch nicht völlig abgeschlossen. Hier seien einige Etappen der Entwicklung aufgezeigt.

Schon 1944 erkannte man, daß die Nebennierenrinden-Wirkstoffe zur *Rückbildung der Lymphozyten* führen. Anfang der 50er Jahre war die Beeinflussung der Immunantwort gesichert. Mitte der 50er Jahre war bewiesen, daß die verschiedenen Stoffwechselwirkungen der Glukokortikoide durch eine Beeinflussung der Aktivität verschiedener Enzyme (speziell Tyrosinaminotransferase und Tryptophanoxygenase) zustande kommt. Mitte der 60er Jahre ergab sich ein großer Fortschritt, als erkannt wurde, daß die Kortikoid-induzierte *Blockade der Eiweiß- bzw. Ribonukleinsäure-Synthese* Folge einer Hemmung der Enzyminduktion ist. 1970 wurden die strukturellen Voraussetzungen für die Enzyminduktion geklärt: Steroide beeinflussen unmittelbar die Enzyme.

Schon Anfang der 60er Jahre wurde vermutet und 1968 gesichert, daß die Kortikoide ihre Wirkung durch eine Bindung an spezifische Rezeptoren entfalten. Es handelt sich um sog. *zytoplasmatische Rezeptoren,* d. h. Rezeptoren, die sich innerhalb der Zellen befinden; sie sind asymmetrische, leicht saure Proteine. Diese Rezeptoren finden sich in allen Geweben, und zwar in einer Anzahl von etwa 10 000 pro Zelle.

Die Glukokortikoide – physiologische Hormone ebenso wie alle abgewandelten Derivate – sind gut lipoidlöslich und können deshalb die Zellmembran rasch durchdringen. Sie verbinden sich in der Zelle mit dem Rezeptor zu einem Komplex. Dieser wird aktiviert und tritt in den Zellkern ein. Dort findet eine Bindung an die Doppelhelix der Desoxyribonukleinsäure statt, wonach Transkription in die sog. Boten-Ribonukleinsäure erfolgt. Diese wiederum regt die Synthese bestimmter Proteine an; das für die Cortisonwirkung entscheidende ist Lipocortin.

Dieser Mechanismus ist für die meisten physiologischen und pharmakologischen Wirkungen verantwortlich. Obwohl die Bindung der Kortikoide an den Rezeptor sich innerhalb von Minuten abspielt, dauert der ganze Ablauf einige Stunden und kann somit nicht die innerhalb von Minuten eintretenden Kortikoid-Wirkungen erklären, wie z. B. die Hemmwirkung auf das hypothalamische Hormon CRH und das ACTH im Hypophysenvorderlappen, sowie die schnell eintretenden therapeutischen Wirkungen, z. B. bei Asthma oder Schockzuständen.

Wie die *rasch einsetzenden Wirkungen* zustande kommen, ist noch nicht geklärt; es gibt aber verschiedene Hypothesen. Ansatz für die schnellen Wirkungen müssen Membranen sein. Gesichert scheint jedoch, daß die Kortikoide nicht über Membranrezeptoren und damit über den Zweitboten zyklisches Adenosinmonophosphat wirken, wie dies für Adrenalin und die Peptidhormone ACTH, Glukagon und Insulin erwiesen ist. Wahrscheinlich ist eine direkte Membranwirkung durch Integration des Cortisonmoleküls in die Membran, so daß die Durchlässigkeit, speziell für Kalziumionen, verändert wird. Es ist aber auch möglich, daß vom Zellkern aus Enzyme aktiviert werden, die Substrate außerhalb der Zellen beeinflussen. Diesen Problemen wird derzeit in vielen Forschungszentren nachgegangen.

Eine weitere Erklärung für schnell einsetzende Wirkungen ist der von Ingle schon 1952 postulierte permissive Effekt der Glukokortikosteroide. Das bedeutet, daß die maximale Wirkung anderer Hormone – erwiesen ist das für das Nebennierenmarkhormon Adrenalin – erst nach Gabe von Cortison zustande kommen kann. Der Effekt ist aber keine Cortison-, sondern ausschließlich eine Adrenalin-Wirkung. Dieser Mechanismus spielt speziell in der Asthmatherapie eine Rolle, wenn der Patient auf direkt bronchial erweiternde Medikamente nicht mehr reagiert.

Klinische Wirkungen

Da sich Cortison-Rezeptoren in praktisch allen Zellen des Organismus finden, ist verständlich, daß dieses Hormon nicht nur eine, sondern eine ganze Reihe von Funktionen im Körper zeigt.

Schon vor Isolierung der einzelnen Hormone war gesichert, daß die Nebennierenrindenhormone die *Lymphozyten* beeinflussen. Die Zahl der Lymphozyten im peripheren Blut nimmt sofort nach Verabreichung einer Cortisondosis ab, das Minimum wird nach vier Stunden erreicht, und erst nach 24 Stunden findet sich wieder der Ausgangswert. Die Lymphozyten verschwinden ins Knochenmark und in die Lymphdrüsen (Redistribution).

Einen gleichartigen Effekt haben die Kortikoide auf andere Blutzellen, *Monozyten* und *Eosinophile.* Den Abfall der Bluteosinophilen nach Verabreichung von ACTH nutzte Thorn 1948 – also zu einer Zeit, da Cortisol im Blut noch nicht bestimmt werden konnte – zur ersten Nebennierenrinden-Funktionsprüfung.

Es ist noch zu erwähnen, daß unter Cortison die Zahl der neutrophilen Leukozyten infolge vermehrter Ausschwemmung aus dem Knochenmark und Verlängerung ihrer Überlebenszeit erhöht wird.

Als erste Stoffwechselwirkung wurde der Einfluß auf den *Glukosehaushalt* erkannt, woraus sich die Bezeichnung Glukokortikosteroide ableitet. Cortison induziert die sogenannte Glukoneogenese, d. h. Neubildung von Zucker aus Eiweiß. Dies geschieht in der Leber, in der vermehrt Aminosäuren abbauende Fermente gebildet und aktiviert werden. Das Kohlenstoffskelett der Aminosäuren wird direkt für die Zuckerbildung verwendet. Die Folge ist, daß infolge Hemmung der Glukoseverwertung in den Organen der Blutzuckerspiegel, aber gleichzeitig auch der Spiegel der Aminosäuren, des Harnstoffs und der freien Fettsäuren im Blut ansteigt. Im Harn wird vermehrt Stickstoff ausgeschieden. Die Stickstoffbilanz wird negativ.

Der Einfluß auf den *Eiweißstoffwechsel* wird verstärkt durch Hemmung der Proteinsynthese und Förderung des Proteinabbaus in den peripheren Organen, speziell in der Muskulatur und im Knochen. Man spricht von antianabolem Effekt.

Auf das *Kalzium*-Gleichgewicht wirken die Kortikoide durch Verminderung der Resorption aus dem Darm (= Anti-Vitamin-D-Effekt) und die Hemmung der Rückresorption in den Nierentubuli, so daß vermehrt Kalzium mit dem Urin ausgeschieden wird.

Cortisol hat auch eine geringe *Mineralokortikoid-Wirkung* im Sinne der Zurückhaltung von Natrium und Ausscheidung von Kalium. Der Effekt ist aber 1000mal geringer als derjenige des eigentlichen Mineralokortikoides Aldosteron. Bei Prednison und Prednisolon ist diese Wirkung nur mehr sehr gering, und bei den fluorierten Derivaten fehlt sie vollständig.

Alle diese und noch einige andere Wirkungen zusammen mit dem erwähnten permissiven Effekt für das Nebennierenmarkhormon und seine Abwandlungen bilden die Basis für die Aufrechterhaltung des inneren Gleichgewichts, der *Homöostase des Organismus,* unter den verschiedenen inneren und äußeren Bedingungen.

Unter den pharmakologischen Wirkungen, die nur bei Verabreichung überphysiologischer Dosen erzielt werden können, steht die *Entzündungshemmung* an erster Stelle. Kortikoide beeinflussen die Entzündung auf verschiedenem Wege, wobei der Mechanismus noch nicht in allen Punkten geklärt ist. Am Orte der Entzündung haben sie einen Einfluß auf verschiedene Blutzellen (Granulozyten und mononukleäre Phagozyten). Das in der Zelle entstehende Lipocortin ist ein Antagonist der Phospholipase A_2, so daß die Bildung der aus der Archidonsäure abstammenden Entzündungsmediatoren gehemmt wird. Dieser sehr gut untersuchte Mechanismus reicht aber für die Wirkungserklärung nicht aus. Neuerdings wird den Einflüssen auf die Interleukine eine große Bedeutung beigemessen. Diese Substanzen sind Wachstumsfaktoren für die T-Lymphozyten. Interleukin I wird in mononukleären Phagozyten, aber auch in anderen Zellen gebildet und regt die T-Lymphozyten zur Interleukin-II-Produktion an. Interleukin I ist wahrscheinlich verantwortlich für die unspezifischen Symptome einer Entzündung, wie Fieber, Anstieg der weißen Blutkörperchen usw. Kortikoide hemmen die Synthese von IL I; andererseits stimuliert IL I den adrenalen Regelkreis. In hoher Dosierung wirken Kortikoide auch direkt hemmend auf die Interleukin-II-Bildung.

Die immunsuppressive Wirkung der Kortikoide beruht in erster Linie auf dem Einfluß auf die Lymphozyten, wobei die durch T-Lymphozyten vermittelten zellgebundenen Reaktionen stärker beeinflußt werden als die von B-Lymphozyten abhängigen humoralen Reaktionen. Sicher haben auch die Einflüsse auf die Interleukine eine Bedeutung für die immunsuppressive Wirkung. In hohen Dosen führt Cortison zur Senkung erhöhter Immunglobulinspiegel.

Die antiallergische Wirkung erklärt sich sowohl aus der Entzündungshemmung als auch der Immunsuppression.

Der sicher komplexe Mechanismus der seit 1961 erwiesenen abschwellenden Wirkung auf das *Hirnödem* ist noch nicht vollständig geklärt. Gesichert ist eine Stabilisierung der Membransysteme an der Blut-Hirn-Schranke; daneben sind Einflüsse auf die Natrium-Kalium-Pumpe und das Gefäßsystem (Vasoparalyse) anzunehmen. Auch werden eine Hemmung freier Radikale im Zentralnervensystem sowie eine verminderte Bildung der Hirn- und Rückenmarkflüssigkeit diskutiert.

Da Cortison im Leben im Mutterleib einen Einfluß auf den Oberflächenfaktor (Surfactant) hat, kann die bei Frühgeburten noch nicht abgeschlossene Lungenreifung durch Verabreichung von Cortison an die Mutter vor der Geburt nachgeholt werden. Dadurch wird das früher so gefürchtete *Atemnot-Syndrom* vermieden.

16. KLINISCHE KONSEQUENZEN

Veränderte Anwendungsformen

Im Laufe der 40jährigen Anwendung von Cortison und seinen Derivaten haben sich die Anwendungsformen und Dosierungen mehrfach gewandelt. Anlaß hierfür war immer das Bemühen, das Risiko der Therapie zu vermindern. Es werden deshalb zunächst diese Entwicklungen bis zu den heute gültigen Empfehlungen dargestellt und anschließend jene Krankheitsbilder abgehandelt, bei denen die Veränderung der Anwendungsform bzw. Dosierung entscheidend dazu beigetragen hat, das Cortisonpendel aus den Extremstellungen in eine mittlere Position einschwingen zu lassen.

Philip Hench hat 1948 die Therapie mit 2mal täglicher *intramuskulärer Injektion* begonnen. Dadurch blieb die Behandlung an die Klinik gebunden, was für die tastenden Dosierungsversuche zu Beginn sicher ein Vorteil war. Für eine längerfristige Anwendung war diese Anwendungsform dagegen eine Erschwernis.

Ab 1951 stand Cortison in Tablettenform zur Verfügung. Nun konnte die Behandlung auch ambulant durchgeführt werden. Da man damals annahm, daß die orale Anwendung weniger unerwünschte Wirkungen hervorrufe, wurde der Ausweitung der Anwendung dieses Hormons Tür und Tor geöffnet. Heute gilt die orale Anwendung aus praktischen Gründen als Methode der Wahl.

In den 50er Jahren wurde die *zirkadiane Rhythmik* der ACTH-Cortisol-Bildung erkannt (s. S. 77). Diese Tatsache brachte J. Harter und seine Mitarbeiter aus dem Arbeitskreis Thorn 1963 dazu, mit der bisherigen Vorstellung zu brechen, daß Kortikoide gleichmäßig über den Tag verteilt gegeben werden müßten. Zumindest im niedrigen Dosisbereich und bei langfristiger Anwendung wurde nun die gesamte Tagesdosis morgens vor 8 Uhr auf einmal verabreicht, wofür sich der Ausdruck zirkadiane Therapie einbürgerte.

Als noch schonender für den adrenalen Regelkreis erwies sich die Gabe der für 48 Stunden notwendigen Dosis jeden 2. Tag morgens. Diese *alternierende Therapie* ist jedoch nicht bei allen Krankheitsbildern durchführbar.

Schon in den 50er Jahren war im übrigen von Kinderärzten erkannt worden, daß durch Kortikoidgabe an nur 3 aufeinanderfolgenden Tagen pro Woche *(intermittierende Therapie)* die Wachstumshemmung verhindert werden kann.

Als zirkadiane und alternierende Therapie zur Regel geworden waren, stellte sich heraus, daß dadurch auch das Ausmaß der durch den exogenen Hyperkortizismus bedingten unerwünschten Wirkungen geringer ist. Damit war ein gewaltiger Fortschritt in der „Entschärfung" der Cortisontherapie erreicht worden.

Durch Veresterung mit Bernstein- bzw. Phosphorsäure wurden Hydrocortison und alle nachfolgenden Präparate wasserlöslich gemacht, so daß sie sowohl bei Notfällen als auch bei der Notwendigkeit der Verabreichung sehr hoher Dosen auch *intravenös* gegeben werden können. Die Vorstellung, daß die entzündungshemmende Wirkung der Kortikoide bei intravenöser Injektion schneller eintrete, hat sich indes nicht bestätigt. Lediglich die in manchen bedrohlichen Situationen bedeutsame Membranwirkung tritt schon kurz nach der Injektion ein.

Die Möglichkeit der intravenösen Verabreichung von Kortikoiden war die Voraussetzung für die Entwicklung einer neuen Therapieform, die erst in den letzten Jahren zur Anwendung kam: die *hochdosierte intravenöse Stoßtherapie* (pulse therapy der Amerikaner). Sie ist die konsequente Weiterentwicklung der Erfahrungen mit der alternierenden und intermittierenden oralen Therapie. Bei Krankheiten, die zur Immunsuppression über längere Zeit Cortisondosen erfordern, die mit erheblichen Risiken belastet sind, werden die Kortikoide stoßweise gegeben, damit cortisonfreie Intervalle entstehen. Es hat sich eingebürgert, an drei aufeinanderfolgenden Tagen je 1,0 oder 0,5 g Prednisolon als intravenöse Infusion zu verabreichen und diese Stöße in monatlichen Abständen zu wiederholen. Im Intervall werden entweder keine oder nur kleine Erhaltungsdosen von Kortikoiden verabreicht. Diese Anwendungsform führt zu keiner anhaltenden Störung des adrenalen Regelkreises, und auch die meisten anderen „Cortisonschäden" können vermieden werden. Allerdings ist die Verabreichung der Hochdosis nicht ganz problemlos, weshalb sie nur in der Klinik durchgeführt werden soll.

Insbesondere um eine Infektionsausbreitung zu verhindern, die man hauptsächlich bei längerer Therapie befürchten muß, wird heute in Notfallsituationen, z. B. bei Schockzuständen, nur eine (maximal nach 4 Stunden eine zweite) Injektion eines Kortikoides intravenös gegeben, diese aber in *Extremdosen:* 2–3 g Prednisolon pro Injektion. Eine ähnliche Entwicklung bahnt sich beim Hirnödem durch Schädel-Hirn-Trauma an.

Nachdem Thorn 1950 erstmals Hydrocortison in ein Gelenk instilliert hatte, begründete Hollander 1951 die *Injektionsbehandlung* von Kristallsuspensionen in Gelenke und Weichteile, eine Methode, die bei richtiger Anwendung ein unverzichtbarer Bestandteil der Rheumatherapie geworden ist (s. S. 90f.).

Später wurde versucht, diese Kristallsuspensionen auch intramuskulär zu injizieren, um damit eine *Cortison-Depot-Therapie* zu betreiben. Diese Therapieform erfreute sich viele Jahre lang großer Beliebtheit, weil man statt der täglichen Tabletteneinnahme nur einmal alle 3–4 Wochen einer Injektion bedurfte. Als besonders günstig wurde diese intramuskuläre Depottherapie bei Patienten mit ungenügender Compliance (Mitarbeit) angesehen. Heute ist diese Behandlungsform aber weitgehend verlassen. Es stellte sich nämlich heraus, daß unmittelbar nach Injektion höhere Spiegel entstehen, als sie für die Therapie notwendig sind, und die Konzentration in der zweiten Hälfte oft unterhalb der erforderlichen Dosis liegt. Die Folge ist ein Wiederauftreten der klinischen Krankheitssymptome, noch bevor die Hemmwirkung auf den adrenalen Regelkreis abgeklungen ist. So kam es nicht selten dazu, daß die nächste Injektion zu einem Zeitpunkt verabreicht wurde, an dem der adrenale Regelkreis noch gestört war. Das aber führte zu schweren und lang anhaltenden Störungen auf allen Etagen dieser Funktionseinheit. Die Wiedererholung des Systems und damit die Wiedererlangung der Streßfähigkeit des Patienten kann nach einer fortgesetzten intramuskulären Gabe von Kristallsuspensionen 1 Jahr und länger auf sich warten lassen. Die Deutsche Gesellschaft für Endokrinologie hat deshalb 1980 ausdrücklich vor dieser Therapieform gewarnt.

Es kommt hinzu, daß die meistverwendeten 9-alpha-fluorierten Präparate, speziell bei Jugendlichen und Frauen, lokale Schäden der Haut, des Unterhautgewebes und der Muskulatur hervorrufen können, so daß das Risiko dieser Therapie zusätzlich erhöht ist.

In der Pädiatrie ist die *Suppositorienanwendung* ein bevorzugter Applikationsweg für Pharmaka. Deshalb wurden auch Versuche mit Kortikoiden gemacht. Die Aufnahme in den Organismus ist dabei sehr großen Schwankungen ausgesetzt, so daß Über- und Unterdosierungen vorkommen können. Der rektale Weg ist daher zumindest für eine längerdauernde systemische Therapie mit einem so differenten Arzneimittel nicht geeignet.

Lokale Anwendungsformen spielen seit Beginn der Cortisontherapie eine große Rolle in der Behandlung von Haut- und Augenkrankheiten. Durch Entdeckung von Präparaten, die nur am gewünschten Ort wirken und keine oder zumindest nur eine minimale hormonale Allgemeinwirkung entfalten, wurde die Anwendung von Cortisonpräparaten erheblich ungefährlicher. Schrittmacher für diese Entwicklung war die Dermatologie (s. S. 93ff.).

Schon seit 1955 wurden Kortikoide bei Lungenkrankheiten auch als *Inhalat* verordnet; da die Präparate aber über die Lunge voll resorbiert wurden, bot diese Anwendungsform gegenüber der systemischen Gabe keine Vorteile. Erst die vor etwa 10 Jahren beginnende Entwicklung neuer Präparate mit praktisch ausschließlicher Wirkung auf der Bronchialschleimhaut hat die Behandlung des Asthmas revolutioniert (s. S. 143f.).

Dieselben Präparate finden auch bei entzündlichen und allergischen *Erkrankungen der Nasenschleimhaut* Anwendung.

Auch bei den entzündlichen Darmkrankheiten hat sich die lokale Therapie in Form von *Klysmen* (Verweilklistieren) bewährt; hierfür werden ebenfalls die nur lokal wirksamen Produkte bevorzugt (s. S. 137).

Für die *Injektion in die Gelenke* ist eine neue Anwendungsform zur Zeit in Erprobung: der Einschluß der Kortikoide in Liposomen. Weil diese Fetttröpfchen das Gelenk nicht verlassen können, kommt es zu keiner wesentlichen Resorption des Kortikoides. Die lange Verweildauer im Gelenk erlaubt darüber hinaus, die Kortikoiddosis erheblich zu reduzieren.

Dosierungsfragen

Die Dosierung von Cortisol für die *Substitutionstherapie* wurde auf Seite 80ff. besprochen.

Für die *pharmakologische Behandlung* haben sich im Laufe der Jahre folgende Grundsätze entwickelt:

- Die Behandlung soll mit einer höheren Initialdosis begonnen werden, die dann der klinischen Besserung entsprechend langsam zu einer Erhaltungsdosis abgebaut wird.

- Die Höhe der Initialdosis hängt von der Schwere und Ausdehnung des Krankheitsprozesses ab. Je akuter und schwerer die Krankheit, um so höhere Dosen sind erforderlich. Je chronischer das Krankheitsbild, um so niedriger kann dosiert werden.
- Als Erhaltungsdosis gilt die kleinste eben noch wirksame Dosierung. Sie liegt je nach Krankheit und spezieller Situation zwischen 2,5 und 12,5 mg Prednison-Äquivalent.
- Die Behandlungsdauer hängt ebenfalls vom Krankheitsbild ab. Akute Krankheiten erfordern eine kurzfristige Behandlung, chronische Krankheiten eine Langzeittherapie.

Übersicht über die heute üblichen Initialdosen

Exzessive Dosen von *2000–3000 mg* Prednisolon *intravenös* werden heute bei bedrohlichen Krankheitszuständen nur 1- bis 2mal gegeben.

Zur *hochdosierten Stoßtherapie* setzt man je 500–1000 mg Prednisolon i. v. an drei aufeinanderfolgenden Tagen mit monatlichen Intervallen ein.

Hohe Initialdosen von 100 mg *Prednison-Äquivalent* sind bei akuten Krankheitszuständen erforderlich.

Mit einer mittleren Dosierung von *40–50 mg Prednison* beginnt man bei subakuten entzündlichen Krankheitsbildern.

Niedrige Dosen von *20–30 mg Prednison* sind üblich in der Initialbehandlung chronischer Krankheiten.

Ganz niedrige Dosen zwischen *10 und 2,5 mg Prednison,* die langfristig beibehalten werden, führen sich zur Zeit für verschiedene chronische Krankheiten ein.

Weiterbehandlung

Dosen über *30–40 mg Prednison* werden im allgemeinen initial auf mehrere Tagesgaben verteilt, also z. B. 3 × 15 mg oder 4 × 20 mg. Verminderung der Gesamtdosis soll durch kontinuierlichen Abbau der nächtlichen oder abendlichen Dosis bis auf 0 erreicht werden. In gleicher Weise geht man dann mit der nachmittägigen oder mittägigen Dosis vor. Zum Schluß bleibt die morgendliche Initialdosis (also in unserem Beispiel 15 oder 20 mg) übrig, die dann erst langsam zur Erhaltungsdosis reduziert wird.

Dieses Vorgehen ist wichtig, weil nur dadurch eine Enthemmung des adrenalen Regelkreises erreicht werden kann, so daß der Patient bereits wieder streßfähig ist, wenn er auf der Erhaltungsdosis angekommen ist.

Bei Dosen *um 30 mg Prednison und darunter* gibt man von vornherein die gesamte Tagesdosis morgens auf einmal. Bei manchen Krankheitsbildern ist es auch möglich, die Therapie alternierend zu beginnen, d. h., daß die jeweils für 48 Stunden erforderliche Dosis jeden 2. Tag morgens auf einmal genommen wird.

Die *Abbauschritte* hängen von der Höhe der Initialdosis ab. Im höheren Dosisbereich reduziert man jeweils um 5 mg, ab 20 mg Tagesdosis um je 2,5 mg und ab 10 mg am besten nur um 1 mg Prednison.

Erhaltungsdosis

Jahrzehntelange Erfahrungen lassen erkennen, daß das Risiko unerwünschter Wirkungen bei Langfristtherapie unterhalb einer Dosis von 7,5 mg Prednison erheblich geringer ist. Die Grenzdosis nannte man früher Cushing-Schwellendosis, weil man sich an dem Cushing-Gesicht orientierte. Diese Bezeichnung trifft aber nicht den Kern des Problems, weil die Rundung des Gesichts nicht mit den schwerwiegenden Nebenwirkungen parallel geht und ihr Ausmaß weniger von der Dosis als vielmehr von individuellen Faktoren abhängig ist. Die ungefähr wirkungsgleichen Dosen der verschiedenen Kortikoide bei systemischer Verabreichung ergeben sich aus Tab. 4.

Tab. 4: Äquivalenzdosen der Kortikoide bei Allgemeinbehandlung

Wirkstoff	Dosis (mg)
Prednison, Prednisolon	7,5
Methylprednisolon	6,0
Prednyliden	9,0
Cloprednol	< 7,5
Fluocortolon	7,5
Triamcinolon	6,0
Paramethason	3,0
Dexamethason	1,0
Betamethason	1,0

Jüngste Erfahrungen haben im übrigen gezeigt, daß es in der Langfristbehandlung oftmals möglich ist, auf 5, ja sogar 4–2,5 mg Prednison zurückzugehen, wenn man die Reduktion nur in 1-mg-Schritten und in monatlichen Abständen vornimmt. Es soll in jedem Falle versucht werden, mit der kleinstmöglichen Dosis auszukommen.

Bei manchen schweren Krankheiten müssen allerdings manchmal über längere Zeit höhere Dosen gegeben werden, um die Symptome ausreichend zu unterdrücken. Dann sind Komplikationen nicht vermeidbar, müssen aber in Anbetracht der vitalen Bedrohung durch die Krankheit in Kauf genommen werden. Ehrliche Aufklärung des Patienten und eine sehr gute Arzt-Patient-Kooperation sind dann unbedingt erforderlich.

Die Erhaltungsdosis soll – wie erwähnt – grundsätzlich morgens vor 8 Uhr oder, wenn immer es möglich ist, in doppelter Dosierung jeden 2. Tag morgens eingenommen werden, um die Hemmwirkung auf den adrenalen Regelkreis so gering wie möglich zu halten. Nur ausnahmsweise, d. h. bei ausschließlich nächtlicher Krankheitssymptomatik, sollte man von dieser Regel abweichen und die Erhaltungsdosis abends geben.

Unter dem Blickwinkel der Schonung des adrenalen Regelkreises muß auch *die Wahl des Kortikoides* getroffen werden. Wie bereits erwähnt, haben die durch Fluorierung in ihrer Wirkung verstärkten Präparate auch eine stärkere Hemmwirkung. Sie sind daher für eine Langfristtherapie nicht geeignet (s. Tab. 5).

Tab. 5: Unterschiedliche Hemmwirkungen der verschiedenen Kortikoide

Schwach hemmende Kortikoide	Prednison, Prednisolon Methylprednisolon Prednyliden Clopednol
Mittelstark hemmende Kortikoide	Fluocortolon Triamcinolon
Stark hemmende Kortikoide	Paramethason Dexamethason Betamethason

Dosierung bei Kindern

Bei Kindern werden die Dosen aller Pharmaka dem Alter und Gewicht angepaßt. Manche Kinderärzte bevorzugen die Beziehung zur Gesamtkörperoberfläche.

Im Vergleich zum Erwachsenen benötigen Kinder relativ höhere Kortikoiddosen. Gibt man z. B. einem Erwachsenen anfangs 100 mg Prednison, so entspricht das etwa 1,5 mg/kg. Um den gleichen pharmakologischen Effekt beim Kinde zu erzielen, muß man 3 mg/kg geben; das bedeutet etwa 15 mg für ein 3 Monate, ca. 20 mg für ein 6 Monate und ungefähr 25 mg für ein 12 Monate altes Kind.

Die anzustrebende Erhaltungsdosis liegt etwa bei 0,25 mg/kg oder 9 mg/m^2/Tag.

Variationen der Dosierung

Die angegebenen Dosen müssen in verschiedenen Situationen variiert werden. Auf S. 109 wurde erwähnt, daß erniedrigter Bluteiweißgehalt eine *Reduktion der Kortikoiddosen* erfordert. Auch bei verlangsamtem Stoffwechsel, z. B. infolge Schilddrüsenunterfunktion oder bei sehr hohem Alter, muß man niedrigere Dosen geben.

Eine *Erhöhung der Kortikoiddosen* ist dann nötig, wenn gleichzeitig Medikamente verabreicht werden müssen, die den Abbau der Kortikoide in der Leber beschleunigen. Das sind die heute kaum noch verwendeten Barbitursäurepräparate, das Tuberkulosemittel Rifampicin und die gegen Krampfanfälle sowie Herzrhythmusstörungen angewandten Phenytoine. In allen diesen Fällen muß Prednison etwa doppelt so hoch dosiert werden.

17. AUSWIRKUNGEN AUF DIE PRAKTISCHE THERAPIE

Aufklärung des Wirkungsmechanismus, Entwicklung der Kortikoide, zunehmende klinische Erfahrungen, modifizierte Anwendungsformen, veränderte Dosierungen, aber auch neue pathophysiologische Erkenntnisse sowie Veränderungen in der nichtsteroidalen Therapie haben den Stellenwert der Kortikoide innerhalb des Behandlungsplans im Laufe der 40jährigen Geschichte mehrfach verändert. Diese Entwicklung und der heutige Stand sollen an einer Auswahl von Krankheiten verdeutlicht werden.

Modifizierte Indikationsstellungen

Infektionskrankheiten

Infektionskrankheiten waren in der Vor-Antibiotika-Zeit eine häufige Todesursache. Viele Patienten verstarben an den Auswirkungen auf den Kreislauf. Deshalb nimmt es nicht wunder, wenn schon seit 1940, z. B. bei der malignen Diphtherie, Versuche mit DOC bzw. Nebennieren-Gesamtextrakt gemacht wurden. Die Ergebnisse waren nicht überzeugend.

Als man die unspezifisch-entzündungshemmende Wirkung des Cortison erkannt hatte, blieb es nicht aus, daß dieses Hormon auch bei Infektionskrankheiten versucht wurde. Dies, obwohl Hench schon in seiner ersten Publikation 1949 darauf hingewiesen hatte, daß sich unter Cortison Infektionen ausbreiten können. Amerikanische Kliniker publizierten bereits 1950 über ihre günstigen Erfahrungen mit ACTH bzw. Cortison bei schwer verlaufenden Lungenentzündungen. Der Freiburger Internist L. Heilmeyer behandelte schon 1950 einen Patienten mit doppelseitiger kavernöser Lungentuberkulose und begleitender Darmtuberkulose drei Tage lang mit Cortison und stellte fest, daß Cortison auch bei der Tuberkulose die entzündlichen Reaktionen unterdrückt. Einen ersten umfassenden Erfahrungsbericht über Cortison und Infektionskrankheiten gab Spink 1955 in Amerika. Im gleichen Jahr berichtete Heilmeyer über die Steroidanwendung bei Streptokokken-Infektionen, Bauchtyphus, Lungentuberkulose und bei Hepatitis.

Natürlich haben diese Ärzte nicht die Infektionskrankheit selbst mit Cortison zu behandeln versucht, sondern nur deren toxische Auswirkungen bzw. eine für den Betroffenen gefährliche überschießende Abwehrreaktion des Organismus. Man sprach von einem unspezifischen malignen Infektionssyndrom und sah sich durch die Forschungsergebnisse von Selye bestärkt. Selbstverständlich wurden Antibiotika bzw. Tuberkulostatika schon vor dem Einsatz des Cortison und über diesen hinaus verabreicht.

Bei den Virusinfektionen empfahl man, mit dem Cortisoneinsatz einige Tage abzuwarten, bis die körpereigene Immunabwehr angelaufen ist.

Kaum eine andere Indikation wurde in den Kliniken so begeistert aufgenommen, weil sich nicht selten lebensrettende Wirkungen ergaben und, zumindest vordergründig, Risiken nicht erkannt wurden. Man war davon überzeugt, daß dies durch die wenn auch hochdosierte, so doch nur kurzfristig durchgeführte Anwendung begründet sei.

Erst Mitte der 60er Jahre wurde klar, daß verschiedene Virusinfektionen unter Cortison einen bedrohlichen Verlauf nehmen können. Das galt speziell für die Herpeserkrankungen, Varizellen und auch die Pockenimpfung. Aber auch bei den bakteriellen Infektionen wurden in den 70er Jahren Kortikoide immer weniger eingesetzt, weil die Patienten früher ins Krankenhaus kamen und damit die bedrohlichen Verläufe seltener wurden, weil die Chemotherapie erhebliche Fortschritte gemacht hatte und weil die sich entwickelnde Intensivtherapie die Prognose auch Schwerstkranker verbesserte.

So hat es schließlich kein großes Aufsehen mehr erregt, als die Infektiologen Ende der 70er Jahre dekretierten, daß Kortikoide in der Behandlung von Infektionskrankheiten nichts mehr zu suchen haben. Sehr pointiert hat sich der Münchner Kinderarzt W. Marget 1982 über die ›Kortikoid-Therapie. Ein paradoxes Wirkungsprinzip bei der Infektionsbehandlung‹ geäußert: „Man hatte den Bock zum Gärtner gemacht, als Anfang der 50er Jahre die Kortikosteroide dem Kliniker präsentiert wurden."

Wie die Geschichte der Therapie zeigt, halten sich solche apodiktischen Urteile meist nicht sehr lange. So auch in der Cortisontherapie von Infektionskrankheiten. Zwar gilt nach wie vor, daß

Kortikoide nicht zum Therapieplan infektiöser Krankheiten gehören. Ihr Einsatz als zusätzliche Maßnahme in ganz speziellen Situationen wird aber heute allerorts geübt und von den meisten Experten anerkannt.

Hierzu gehören bei den *bakteriellen Infektionen*:
- mit Schock oder Koma verlaufende Allgemeininfektionen wie z. B. Typhus,
- das massive Hirnödem bei Infektionen im Zentralnervensystem.

Bei folgenden *Tuberkuloseformen* werden heute noch bzw. wieder Steroide gegeben:
- Tuberkulöse Hirnhautentzündung mit durch Hirnödem bedingter Bewußtseinsstörung,
- Tuberkulöse Hirnhautentzündung zur Vorbeugung einer Liquorabflußbehinderung und damit eines Wasserkopfes,
- Tuberkulose in den Harnwegen, sofern sich Hinweise auf eine Abflußbehinderung im Bereich der Harnleiter ergeben.

Unter den *Virusinfektionen* gelten als Begründung für einen kurzfristigen hochdosierten Steroideinsatz:
- Hirnödem bei Enzephalitis (Gehirnentzündung),
- Rachenstenose im Rahmen eines Pfeifferschen Drüsenfiebers,
- stenosierende Kehlkopfentzündung (Pseudo-Krupp-Syndrom) infolge Parainfluenza- oder RS-Virus-Infektion.

Bei *postinfektiösen entzündlichen Komplikationen* sind Kortikoide selbstverständlich nicht nur unbedenklich, sondern oftmals auch unersetzbar. Man denke beispielsweise an:
- Hodenentzündung bei Mumps,
- Blutplättchenmangel und Blutarmut infolge Blutkörperchenzerfall bei Pfeifferschem Drüsenfieber,
- Herzmuskelentzündung nach Influenza-Infektion,
- Herzbeutelentzündung nach Coxsackie-Infektion,
- Gelenkentzündung nach Darm-, Virus- oder Borellien-Infektion (Lyme-Krankheit).

Bei *parasitären Infektionen* und bei *Pilzbefall* gelten Kortikoide nach wie vor als uneingeschränkt kontraindiziert.

Eine interessante Entwicklung im Hinblick auf die Cortisontherapie ergab sich bei zwei infektionsbedingten Krankheitsbildern, dem *Waterhouse-Friderichsen-Syndrom* und dem Herpes zoster, weshalb auf diese etwas näher eingegangen werden soll.

Der Engländer Waterhouse und der Däne Friderichsen beschrieben 1911 bzw. 1918 Fälle von foudroyanter Sepsis mit ausgedehnten Haut- und Nebennierenblutungen. Erst später stellte sich heraus, daß es sich ursächlich um eine Meningokokken-Infektion handelt. Das Krankheitsbild, das in unseren Breiten nur Kinder und Jugendliche betrifft, hatte eine praktisch infauste Prognose. Man nahm an, daß die bei Obduktionen gefundene „Nebennierenapoplexie" die Funktion des Organs zum Erliegen bringe, so daß die Patienten an akuter Nebennierenrinden-Insuffizienz sterben. Was also lag näher, als neben den Antibiotika Cortison zu verabreichen?

Welche Überraschung, als man nach Einführung der Cortisolspiegelbestimmung in die Klinik feststellte, daß die Nebennierenrinde in den meisten Fällen – so wie bei allen schweren Krankheitszuständen – auf Hochtouren läuft. Eine Substitutionstherapie war somit unsinnig.

Anfang der 60er Jahre entstand die Hypothese, daß das Krankheitsbild auf dem sog. Sanarelli-Shwartzman-Phänomen beruht, einer durch die Infektion hervorgerufenen Überempfindlichkeitsreaktion der Gefäßwände mit der Folge einer erhöhten Blutungsneigung. Nun galten die Steroide nicht nur als unnütz, sondern sogar als schädlich. Heparin und Streptokinase wurden als Therapie der Wahl angesehen.

Dennoch behielten erfahrene Kinderärzte die Steroidtherapie bei und waren davon überzeugt, daß sie zumindest in Einzelfällen lebensrettend wirken könne. So kam es, daß in einzelnen Kliniken Steroide gegeben wurden, in anderen aber als kontraindiziert galten.

Erst Anfang der 70er Jahre gelang dem Freiburger Kinderarzt W. Künzer die Klärung dieser verworrenen Situation. Er unterschied zwischen Meningokokkensepsis mit Schock und dem eigentlichen Waterhouse-Friderichsen-Syndrom mit Blutungsneigung infolge Verbrauch von Gerinnungsfaktoren und Blutplättchen. Beim ersten kann eine Steroidgabe – wie bei anderen infektiös-toxischen Schockzuständen – begründet sein, beim Waterhouse-Friderichsen-Syndrom dagegen nicht.

Wieder einmal erwies sich also, daß erst eine bessere Aufklärung der Pathogenese einer Krankheit den Weg zu einer rationalen Therapie führen kann.

Schon seit 1925 (K. Kundratitz, Wien) ist bekannt, daß der *Herpes zoster* (Gürtelrose) durch den Erreger der Windpocken hervorgerufen wird. Die Züchtung des Virus ist allerdings erst 1952 gelungen. Die Pathogenese des Herpes zoster erklärt man sich folgendermaßen: Der Erreger befindet sich schon lange Zeit im Organismus, wird aber durch Immunphänomene in Schach gehalten. Kommt es aus irgendeinem Grunde zur Schwächung der Immunabwehr, kann der Erreger reaktiviert werden und zur Zosterkrankheit führen.

Eine der ersten Erfahrungen auf dem Gebiete Cortison und Infektion war, daß Kinder, die aus welchem Grunde auch immer unter Steroidtherapie stehen, im Falle einer Varizelleninfektion ein gefährliches und manchmal bedrohliches Krankheitsbild entwickeln. Da ähnliche Beobachtungen auch beim Herpes zoster gemacht wurden, war man zunächst mit einer Steroidtherapie zurückhaltend. Erste positive Erfahrungen wurden Ende der 50er Jahre bei Befall eines Auges oder des Gehirns berichtet. Anfang der 70er Jahre machte man die Erfahrung, daß die Steroidtherapie die heftigen Nervenschmerzen *nach* Zoster verhindern kann. Gewissenhafte Ärzte rieten aber, die Behandlung erst neun, besser 14 Tage nach Ausbruch der Bläschen zu beginnen. Dann aber war es für die Neuralgie-Prophylaxe zu spät.

Dieses ambivalente Verhalten wurde schlagartig verändert, als mit Acyclovir ein gegen alle Herpes-Infektionen potentes Virustatikum zur Verfügung stand. Zur gleichen Zeit ließ sich nachweisen, daß die gefürchtete Neuralgie nach Zoster vorwiegend bei alten Patienten auftritt.

Heute gilt deshalb die Empfehlung, im Frühstadium Acyclovir zu verordnen und bei Patienten über 60 Jahre von Anfang an gleichzeitig Steroide zu geben. Dadurch wird der Herpes zoster in Schach gehalten und die schmerzhafte Neuralgie verhindert.

Virushepatitis und ihre Folgezustände

Die Behandlung der Hepatitis ist ein Musterbeispiel dafür, wie das Cortisonpendel entsprechend dem jeweiligen Stand der pathophysiologischen Erkenntnis mehrmals hin und her schwang. Es ist vermutlich immer noch nicht ganz ausgeschwungen.

Was wir heute die Virushepatitis nennen, hieß noch bis zu Beginn des 2. Weltkrieges katarrhalischer Ikterus. Entsprechend der klassischen Lehre von R. Virchow (1864) nahm man an, daß ein Schleimpfropf die Mündung des Gallengangs in den Zwölffingerdarm verstopfe und dadurch zur Gelbsucht führe.

Der Wiener Kliniker H. Eppinger empfahl 1938 aufgrund theoretischer – wie sich später herausstellte falscher – Überlegungen die therapeutische Anwendung von DOC.

Während des 2. Weltkrieges trat dieser Ikterus, wie schon früher, epidemisch auf und erhielt daher den Namen Icterus epidemicus, später Hepatitis epidemica. Eine Virusätiologie wurde von dem deutschen Kliniker K. Gutzeit vermutet und die infektiöse Genese durch H. Voegt 1942 gesichert. Der Virusnachweis selbst gelang erst viel später.

In den 60er Jahren erkannte man, daß es zwei verschiedene Arten der Hepatitisübertragung gibt: die durch Blut übertragene Form mit langer Inkubationszeit, die man den homologen Serumikterus nannte, und die durch fäkal-orale Infektion übertragene sogenannte infektiöse Hepatitis, die sich schon kurz nach der Infektion manifestiert.

Eine weitere Differenzierung brachten immunologisch-serologische Methoden wie das sogenannte Australia-Antigen. Jetzt konnten Hepatitis A und B sowie eine Non-A-/Non-B-Hepatitis differenziert werden. Gleichzeitig erlaubten diese Untersuchungen aber auch eine Beurteilung der Prognose. Während die Hepatitis A niemals in eine chronische Krankheit übergeht, muß bei B-Hepatitis in 5–7 % und bei Non-A-/Non-B-Hepatitis mit bis zu 40 % Übergängen in eine chronische Hepatitis gerechnet werden.

Erst diese Differenzierungsmöglichkeiten ergaben klare Indikationen für die Therapie, ganz speziell mit Kortikoiden.

Akute Virushepatitis

Trotz Bedenken wegen der Virusätiologie haben amerikanische Kliniker die Virushepatitis schon 1951 mit ACTH und seit 1952 mit Cortison behandelt. Mit großem Enthusiasmus wurde diese Therapie in Frankreich übernommen. In Deutschland warnten die Hepatologen H. Kalk und E. Wildhirt vor dieser Behandlung und empfahlen, insbesondere für sehr akute Verläufe, die Anwendung von Nebennieren-Gesamtextrakten. Meinungsbildende Kliniker wie L. Heilmeyer in Freiburg und W. Siegenthaler in Zürich setzten sich aber in den 50er Jahren aufgrund ihrer günstigen eigenen Erfahrungen für die Anwendung von Kortikoiden ein. W. Siede in Darmstadt, später Frankfurt, der als erster das nebenwirkungsärmere Prednison verwendete, wies nach, daß Bilirubin und Transaminasen unter Kortikoiden signifikant schneller abfallen, daß sich Appetit und Allgemeinzustand des Patienten rascher bessern und daß die Krankheitsdauer (Krankenhausaufenthalt) deutlich verkürzt wurde. Die Ergebnisse schienen gesichert, und zumindest alle schweren Verläufe einer Hepatitis wurden nun mit Kortikoiden behandelt.

Schon Ende der 50er Jahre kamen aber Zweifel an dieser Therapie auf. Der immer schon skeptische Wildhirt sprach von „Serumkosmetik", und die bekannte amerikanische Hepatologin S. Sherlock nannte das Ganze einen "White-Wash-Effect". Es stellte sich nämlich heraus, daß die Rückbildung der geweblichen Veränderungen nicht mit dem schnellen Abfall der Serumwerte parallel geht, d. h., daß es zu keiner echten Verkürzung der Krankheitsdauer kommt.

Langfristige Nachbeobachtungen cortisonbehandelter Hepatitis-Patienten zeigten gegen Ende der 60er Jahre, daß diese eine höhere Rückfallrate aufweisen und daß der Übergang in eine chronische Hepatitis nicht verhindert wird. Immer mehr Kliniker wendeten sich von der routinemäßigen Cortisonbehandlung der akuten Virushepatitis ab; nur noch bei schweren Verläufen wurden Steroide eingesetzt.

Nach zunehmender Einführung der immunologischen Kontrollen in die Klinik erfolgte dann Mitte der 70er Jahre das Verdikt: Kortikoide sind bei der akuten Virushepatitis kontraindiziert! Es hatte sich nämlich herausgestellt, daß diese Therapie die Virusvermehrung fördert, die spontane Viruselimination hemmt und zu einer erhöhten Rate von chronischen Verläufen führt.

Das Verbot betrifft auch die perakuten fulminanten Verläufe, weil Steroide die Entwicklung der Krankheit nicht entscheidend beeinflussen können, den Patienten aber infolge der erforderlichen hohen Dosen mit zusätzlichen Risiken belasten.

Bis heute ist es Lehrmeinung: Bei der akuten Virushepatitis keine Steroide. Schon aber melden sich Stimmen, die bei besonderen Verlaufsformen, z. B. wenn eine schwere Cholestase (Gallenstauung) vorliegt, doch wieder einen Cortisonversuch empfehlen, weil es keine andere wirksame Therapie gibt.

Chronische Hepatitis

Da ein nicht geringer Anteil von Leberzirrhosen aus einer chronischen Hepatitis hervorgeht, wurden schon in den frühen 50er Jahren Versuche mit der Cortisontherapie gemacht. Die Ergebnisse waren wechselhaft, weil ohne Histologie eine Differenzierung der Ursache nicht möglich ist. Französische Autoren haben die Kortikoide gerne zum Ausschwemmen eines Aszites (Bauchwassersucht) verwendet, eine Therapie, die nach Einführung der Spironolactone wieder verlassen wurde.

Anfang der 60er Jahre durchgeführte Studien mit Kontrollen mittels Leberpunktion zeigten einen positiven Effekt der Steroide auf die chronische Hepatitis. Sehr schnell stellte sich heraus, daß die Erweiterung der Venen in der Speiseröhre als Kontraindikation angesehen werden müsse, weil die Blutungsgefahr erhöht wird.

Ende der 60er Jahre trübte sich das positive Bild wieder. Eine dänische Langfriststudie ergab bei Vorliegen einer Zirrhose keinen Einfluß auf die Gesamtprognose bzw. die Sterblichkeit. Bei chronischer Hepatitis ohne wesentlichen Umbau waren Besserungen nur in 50% der Fälle festzustellen. Lediglich bei den sogenannten lupoiden Verlaufsformen, bei denen Immunphänomene nachgewiesen werden können, erwies sich die Steroidtherapie als sehr nützlich.

Anfang der 70er Jahre erkannte man aufgrund bioptischer Kriterien zwei Verlaufsformen der chronischen Hepatitis. Bei der *chronisch-persistierenden Hepatitis* ist überhaupt keine Therapie nötig, also erst recht keine Anwendung von Cortison. Bei der chronisch-aggressiven Hepatitis zeigten Studien aus der Schweiz, England und den Vereinigten Staaten von Amerika teilweise einen günstigen Effekt der Steroide.

Ende der 70er, Anfang der 80er Jahre ließen die spezifischen Hepatitis-Marker bei der nun chronisch aktive Hepatitis (CAH) genannten Krankheit zwei Formen differenzieren: die HBsAG-positive und die HBsAG-negative CAH. Diese Unterscheidung wurde maßgeblich für das therapeutische Vorgehen.

Bei der *HBsAG-positiven CAH* erhöhen Kortikoide die Virusvermehrung, verzögern die Umwandlung von HBeAG zu Anti-HBeAG und verlängern somit die Infektiosität. Kortikoide gelten daher seit Jahren als kontraindiziert.

Dieser strenge Standpunkt wird in jüngster Zeit wieder etwas aufgeweicht. Sowohl bei starker Aktivität als auch bei rasch fortschreitendem Verlauf empfehlen einige Hepatologen die Anwendung von Kortikoiden für kurze Zeit. Französische Autoren geben Steroide kurzfristig, wenn ein akuter Schub mit erheblichem Transaminasenanstieg, Ikterus und Gerinnungsstörung auftritt; sie begründen ihr Vorgehen mit der Annahme, daß die Ursache eine überschießende Immunantwort sei.

Bei der *HBsAG-negativen CAH* bestehen dagegen keine Kontraindikationen gegen einen Steroideinsatz. Cortisonpräparate sind indiziert bei hoher Transaminasenaktivität und bei Nachweis von multilobulären bzw. Brückennekrosen in der Histologie. Als spezielle Indikation wird die Immunmarker-positive Hepatitis angesehen, d. h. Fälle, bei denen sich Antikörper gegen glatte Muskulatur oder Kernmaterial finden. Die erforderliche Steroidlangfristbehandlung ist in 80–90% der Fälle erfolgreich. Um in einen nebenwirkungsarmen Dosierungsbereich zu kommen, gibt man häufig das Immunsuppressivum Azathioprin (Imurek) dazu. Die Erfahrung zeigt, daß man in vielen Fällen mit nur 5 mg Prednison die Wirkung aufrechterhalten kann. Setzt man diese kleine Dosis ab, riskiert man einen Rückfall.

Endzündliche Darmkrankheiten

Die *Colitis ulcerosa* (geschwürige Dickdarmentzündung), eine um die letzte Jahrhundertwende differenzierte Krankheit, war jahrzehntelang eine Crux medicorum. 1940 empfahl der deutsche Internist Ferdinand Hoff in seinem Buch über die Behandlung innerer Krankheiten so heroische Maßnahmen wie die Behandlung mit künstlichem Fieber oder die Provokation eines anaphylaktischen Schockzustandes mittels Injektion von Pferdeserum. Es besteht heute kein Zweifel, daß solche Maßnahmen zu einer erheblich gesteigerten endogenen Cortisolausschüttung führen. Schon 1949 wurde die Therapie mit ACTH und 1950 in der Mayo-Klinik die Cortisonbehandlung begonnen.

Wie bei vielen Indikationen der Cortisontherapie folgte die wissenschaftliche Begründung erst in den 60er Jahren, als man nachweisen konnte, daß der Colitis ulcerosa ein Autoimmunprozeß zugrunde liegt. Auch heute noch gilt als gesichert, daß bei akuten Phasen der Krankheit Cortison unersetzlich ist. Dagegen hat sich herausgestellt, daß die risikoreiche Langfristbehandlung gegenüber harmloseren Präparaten (Sulfosalazin) keine Vorteile bietet. Kortikoide sollen deshalb bei der Colitis ulcerosa nur während akuter Phasen, nicht langfristig verabreicht werden.

Im übrigen hat sich, insbesondere wenn die Endabschnitte des Dickdarms betroffen sind, die Steroidanwendung in Form von Verweilklistieren sehr gut bewährt. Da auch in den Enddarm verabreichte Kortikoide vollständig resorbiert werden, müssen die Klistiere – ebenso wie die orale Therapie – morgens verabreicht werden. Diese Forderung führt zu Schwierigkeiten, weil morgendliche Verabreichung eines Klistiers prompt zu Darmentleerung einschließlich des Medikamentes führt. Deshalb ist es ein großer Fortschritt, daß heute nur örtlich wirksame Präparate wie Beclomethasondipropionat Anwendung finden.

Auch bei der 1932 erstmals beschriebenen *Crohnschen Krankheit* (früher regionale Enteritis genannt), von der man heute weiß, daß sie den gesamten Magen-Darm-Trakt befallen kann, gibt man in akuten Stadien Kortikoide. Im Gegensatz zur Colitis ulcerosa hat sich neuesten Studien zufolge der exzellente Effekt der Langfristtherapie beweisen lassen.

Anders wie Patienten mit Colitis ulcerosa sollen also solche mit Morbus Crohn langfristig mit Kortikoiden behandelt werden. Das setzt natürlich voraus, daß in jedem Falle eine sichere Differentialdiagnose gestellt worden ist.

Da von dieser Krankheit bevorzugt jüngere Menschen befallen werden, ist es sehr wichtig, daß die Cortisontherapie auch während der Schwangerschaft und Stillzeit durchgeführt werden kann und muß.

Nierenentzündungen

Die *Nephrose,* eine besonders bei Kindern häufige Krankheit, die durch Eiweißverlust durch die Niere und hochgradige Ödembildung charakterisiert ist, konnte man früher nur mit Diät und wassertreibenden Mitteln behandeln. Die Beobachtung, daß zwischenzeitlich auftretende Infektionen den Krankheitszustand erheblich bessern können, führte in der Zeit vor dem Zweiten Weltkrieg zur ersten wirksamen Therapie mit künstlichem Fieber. Wie schon bei der Colitis ulcerosa erwähnt, kommt es dabei zu einer vermehrten körpereigenen Cortisolausschüttung.

Die ersten Behandlungsversuche der akuten und subakuten Glomerulonephritis (Nierenentzündung) mit ACTH gehen auf das Jahr 1949 zurück. 1950 wurde erstmalig die Nephritis mit Ödemen durch Cortison behandelt. In den weiteren Jahren wurde die Nephrosebehandlung eine der wichtigsten Cortisonindikationen in der Kinderheilkunde. Die eigentliche Berechtigung hierzu ergab sich wieder einmal viel später, als nämlich erkannt wurde, daß das nephrotische Syndrom in einem großen Prozentsatz der Fälle auf einer entzündlichen Erkrankung der Niere beruht.

Die weitere Entwicklung ergab, daß keineswegs alle Formen der Nierenentzündung durch Cortison günstig beeinflußt werden können. Die Möglichkeit einer exakten Differentialdiagnose durch Nierenpunktion erlaubt heute nicht nur eine Beurteilung der Prognose, sondern auch der Frage, ob eine Cortisontherapie sinnvoll ist.

Veränderte Dosierungen

Schockzustände

Über den 1743 von Le Dran geprägten Begriff Schock wird immer noch und immer wieder diskutiert. Er wird heute definiert als ein akut aufgetretener Zustand ungenügender Durchblutung der vitalen Organe mit nachfolgender Sauerstoffnot im Gewebe und Zellschädigung.

Schockzustände können im Gefolge ganz unterschiedlicher Krankheiten auftreten: Unfälle, Verbrennungen, Blutungen, Herzversagen, Überempfindlichkeitsreaktionen, Sepsis, innere und äußere Vergiftungen.

Auch wenn der Schock unterschiedliche Ursachen hat, spielen sich in der Endphase gleichartige Veränderungen ab, die durch die experimentelle Forschung in den letzten Jahren erhellt wurden. Trotz aller Fortschritte in der Erkenntnis der Pathogenese und erheblicher Verbesserung der Behandlungschancen durch die moderne Intensivtherapie ist die Mortalität nach wie vor sehr hoch.

Selye hatte, wie auf Seite 40f. ausgeführt, schon in den 30er Jahren Zusammenhänge zwischen Schock und Nebennierenrinde erkannt. Er war es auch, der 1940 aufgrund seiner tierexperimentellen Ergebnisse als erster darauf hinwies, daß nicht DOC, sondern Cortin das geeignete Mittel beim traumatischen Schock sei. Da aber Anfang der 40er Jahre nur DOC zur Verfügung stand, benutzten die ersten klinischen Anwender diese Substanz und erst später Gesamtextrakte. Die Ergebnisse waren bei beiden Therapieformen nicht überzeugend.

Einen großen Auftrieb erfuhr die Schocktherapie, als Hydrocortison zur intravenösen Therapie eingeführt wurde. Verständlicherweise wurde nun versucht, alle Schockzustände mit dieser Substanz zu behandeln.

Als hochwirksam erwies sich Cortisol selbstverständlich bei jenen Schockzuständen, die auf einer akuten Nebennierenrinden-Insuffizienz beruhen (s. S. 79ff.).

Als unverzichtbar gilt die Kortikoidtherapie auch beim *anaphylaktischen Schock.* Neben allen anderen Maßnahmen (Lagerung, Freihaltung der Atemwege, Adrenalin, Histaminrezeptoren-Blokker, Antihistaminika, Volumenzufuhr) müssen hohe Dosen von Kortikoiden gegeben werden. Die Kortikoide sind im übrigen auch prophylaktisch wirksam, wenn ein Patient, der auf Röntgenkontrastmittel allergisch ist, unbedingt einer solchen Untersuchung bedarf.

Bei allen anderen Schockzuständen klang die initiale Begeisterung der Therapeuten im Laufe der Jahrzehnte immer mehr ab. Prospektive Studien konnten die positiven Eindrücke der frühen Jahre nicht sichern.

Gegen den *Volumenmangel,* die häufigste Ursache eines Schockzustandes, konnte eine Cortisoninjektion natürlich nicht helfen. Ein deutscher Kliniker drückte das einmal sehr drastisch aus: Einem Verdurstenden muß man einen Kübel Wasser anbieten und nicht ein Glas Cognac.

Beim *kardiogenen Schock,* meist die Folge eines Herzinfarktes, wurden jahrzehntelang Kortikoide empfohlen. Trotz unzähliger Studien wurde nie eine positive Wirkung gesichert, in manchen Untersuchungen aber ein ungünstiger Effekt wahrscheinlich gemacht. Deshalb gilt heute eine Kortikoidgabe beim kardiogenen Schock als nicht begründet.

Der *septische Schock* erfordert selbstverständlich in erster Linie eine Bekämpfung der Sepsis, meist durch einen operativen Eingriff, in jedem Falle aber durch gezielte antibiotische Therapie. Im Rahmen der Allgemeinbehandlung wurden seit jeher Kortikoide eingesetzt, obwohl deren Nutzen nie bewiesen worden war. Erst 1987 wurde ein Schlußstrich unter diese Entwicklung gesetzt, nachdem zwei mit großem Aufwand durchgeführte US-amerikanische Studien nachwiesen, daß selbst eine sehr frühzeitig begonnene und sehr hoch dosierte Kortikoidgabe bei Sepsis weder das

Auftreten eines Schocks verhindern noch die Überlebensrate im Schock verbessern kann. Bei Patienten mit eingeschränkter Nierenfunktion führten die Kortikoide sogar zu einer erhöhten Sterberate.

Es scheint, daß der durch gramnegative Endotoxinbildner ausgelöste *infektiös-toxische Schock* anders beurteilt werden muß als der septische. Tierexperimentelle Untersuchungen hatten schon in den 60er Jahren nachgewiesen, daß Kortikoide wirksam sind, wenn sie gleichzeitig mit dem Toxin gegeben werden. Die klinischen Erfahrungen waren über Jahrzehnte unterschiedlich; es gab Kliniker, die von der Wirksamkeit der Kortikoide überzeugt waren, und solche, die sie eher für gefährlich hielten. Mehrere Doppelblindstudien kamen zu differenten Resultaten. Die kontroverse Diskussion ist immer noch nicht abgeschlossen. Eine neue Studie beim Schock infolge Salmonelleninfektion (Typhus abdominalis) ergab eine signifikante Reduktion der Sterberate, wenn Kortikoide frühzeitig in sehr hoher Dosierung und auf 24 Stunden begrenzt verabreicht wurden. Diese Ergebnisse werden auch von jenen Autoren akzeptiert, die die Kortikoidtherapie beim septischen Schock ablehnen. Ob dies auch für Schockzustände bei anderen Infektionskrankheiten gilt, ist noch nicht abzusehen.

Fazit: Die Verabreichung von Kortikoiden ist nur bei wenigen Schockzuständen begründet. Wenn sie gegeben werden, müssen sie sehr frühzeitig, sehr hoch dosiert und zeitlich stark limitiert eingesetzt werden.

Hirnödem

Der Terminus Hirnödem wurde 1901 von Theodor Kocher geprägt, dem Schweizer Chirurgen, der 1909 den Nobelpreis für seine Arbeiten über die Physiologie, Pathologie und Chirurgie der Schilddrüse erhalten hat. 1905 schlug Cushing eine Operation (Resektion der knöchernen Temporalschuppen) zur Druckentlastung vor, eine Methode, die Jahrzehnte als Standardtherapie galt.

1919 wurde erstmals eine konservative Therapie mittels Infusion hypertonischer Lösungen empfohlen. 1930 verabreichte F. A. Hartman einem Kollegen, der eine neurologische Symptomatik aufwies, erstmalig Nebennierenextrakte. Seine Begründung war, daß derartige Symptome oft mit Morbus Addison assoziiert seien. In wenigen Tagen trat eine signifikante Besserung im Befinden und Befund ein; allerdings trat die Symptomatik nach Absetzen wieder unverändert auf. 1945 wiesen M. Prados und Mitarbeiter im Tierexperiment nach, daß ACTH die Entstehung eines provozierten Hirnödems verhindern kann. 1947, also vor Henchs Versuchen bei der chronischen Polyarthritis, verwendeten Prados und Mitarbeiter erstmals Cortin bei einem Menschen mit posttraumatischem Hirnödem. Der Erfolg war gut. 1951 wurde ACTH beim Hirnödem empfohlen, und 1957 begann die Prednisolon-Behandlung beim Hirnödem infolge zerebraler Metastasen eines Brustkrebses.

J. Galicich und L. French legten 1961 die erste Studie vor, die bewies, daß das Cortisonderivat Dexamethason schnell und eindrucksvoll die Symptome eines erhöhten Drucks im Gehirn und die neurologischen Ausfälle im Gefolge eines Hirnödems beseitigen kann.

In der Zwischenzeit wurden diese Erfahrungen weltweit bestätigt. Heute gilt Dexamethason als Therapie der Wahl beim *Hirnödem infolge Tumor, Metastasen oder Abszeß.* Die hierfür nötigen initialen Dosen liegen im Bereich von 40–56 mg Dexamethason pro Tag.

Über den Nutzen der Kortikoide beim *traumatischen Hirnödem* wird immer noch diskutiert. Viele Autoren waren der Meinung, daß Mißerfolge auf zu niedriger Dosis beruhen. Deshalb stiegen die Empfehlungen bis zu 164 mg Dexamethason/Tag als Initialdosis. Nach jüngsten tierexperimentellen Ergebnissen gibt es beim traumatischen Hirnödem eine eindeutige Dosis-Wirkungs-Beziehung. Das bedeutet, daß für eine gesicherte Wirkung noch wesentlich höhere Dosen Dexamethason erforderlich wären. Da dadurch natürlich die Risiken der Therapie wieder ansteigen würden, hat man – entsprechend den Erfahrungen bei anderen perakuten Krankheitsbildern – die Behandlungsdauer verkürzt. Zur Zeit wird eine Dosierung von initial 500 mg Dexamethason/Tag als Initialdosis in einer multizentrischen Studie geprüft.

Unbewiesen ist trotz vieler Untersuchungen auch der Nutzen der Kortikoide beim *Schlaganfall,* zumal hier auch bei niedrigen Dosen mit einer höheren Nebenwirkungsrate gerechnet werden muß, weil es sich um gefäßkranke Patienten handelt, die meist einen hohen Blutdruck sowie eine Zucker- und Fettstoffwechselstörung aufweisen.

Multiple Sklerose

Die Multiple Sklerose ist eine Krankheit, deren Ursache und Pathogenese nach wie vor ungeklärt ist. Was Wunder, wenn man auch bei ihr Versuche mit den Nebennierenrindenhormonen gemacht hat. Schon 1949 wurde ACTH eingesetzt, später auch Cortison. Die meisten Autoren waren aber von der besseren Wirkung des ACTH überzeugt.

Während Jahrzehnten lösten sich positive und negative Berichte in der Literatur ab. Heute scheint festzustehen, daß eine längerdauernde Behandlung weder vor neuen Schüben schützt, noch das Fortschreiten chronischer Verläufe mindert. Dagegen beweisen neuere kontrollierte Studien, daß eine hochdosierte Stoßtherapie (3–5 Tage je 500–1000 mg Prednisolon intravenös) bei frischen Schüben rasch zu einer Rückbildung der Symptome führt.

Neue Anwendungsformen

Asthma

Bei Asthma wurden – ähnlich wie bei anderen Krankheitsgruppen – schon 1941 Behandlungsversuche mit DOC gemacht; die Ergebnisse konnten nicht überzeugend sein. Wesentlich besser war die Behandlung mit ACTH, das 1949 erstmals eingesetzt wurde. Deshalb ist es nicht verwunderlich, wenn Cortison gleich nach den entzündlich-rheumatischen Krankheiten auch bei Asthma-Patienten Verwendung fand. Genau wie in der Rheumatologie folgten zunächst überschwenglichen Berichten bald Warnungen vor der Anwendung dieses Mittels wegen Komplikationen. Es wurde insbesondere eine Verdoppelung der bakteriellen Infektionen in den oberen Luftwegen festgestellt. In den 50er Jahren setzte sich die Ansicht durch, daß Cortison sehr gut geeignet sei für Notfälle, also speziell für den bedrohlichen Status asthmaticus, daß man aber eine Langfristbehandlung unbedingt vermeiden solle. Aber schon zu Beginn der 60er Jahre begann das Pendel wieder umzuschwingen. Es wurden nämlich in zunehmendem Umfang Patienten beobachtet, die trotz Anwendung aller, inzwischen immer wirksamer gewordenen, modernen Asthmamittel kaum lebensfähig oder zumindest nicht arbeitsfähig waren, die aber unter Cortisontherapie ihr Leben genießen konnten. Vorsichtigere Dosierung und Anwendung in Form der zirkadianen Therapie ließen das Risiko deutlich reduzieren. So fand S. Cruchaud in der Schweiz 1972, daß eine Dauertherapie mit 5 mg Prednison/Tag die jährliche Mortalitätsrate von 5–7% auf 0,5% senkt und gleichzeitig die Häufigkeit schwerer Asthmaanfälle von 40 auf 4% abfallen läßt. Jetzt bestand kein Zweifel mehr, daß das Asthma selbst viel gefährlicher ist als die Cortisontherapie.

Heute unterscheidet man bei den jetzt so genannten obstruktiven Lungenkrankheiten die allergisch bedingte von der nicht-allergischen, nicht-atopischen, endogenen Form, die man auch das Intrinsic-Asthma nennt. Während es für die ersteren eine Reihe von spezifischen Behandlungsverfahren gibt (Antigenkarenz: Vermeidung des Kontaktes mit dem Stoff, gegen den der Betroffene überempfindlich ist; Hyposensibilisierung: Unempfindlichmachen des Organismus gegen das jeweilige Antigen; Mastzellenprotektion: Verhinderung der Freisetzung von Mediatorsubstanzen aus den Mastzellen), reagiert das Intrinsic-Asthma meist nur auf Cortison. Eine Dauertherapie ist oft unerläßlich. Jeder Cortisonentzug kann den Patienten in eine lebensbedrohliche Situation bringen. Die Cortisonangst hat bei dieser Patientengruppe sicher manche Opfer gekostet.

Gerade in dieser Phase wurde eine neue Anwendungsform entwickelt, die sich als eine der segensreichsten Fortschritte der Cortisontherapie erweisen sollte: die inhalative Anwendung von neuen Derivaten, die bei voller Wirkung auf der Bronchialschleimhaut in den empfohlenen Dosen keine hormonale Allgemeinwirkung haben. Sie führen deshalb auch nicht zu den gefürchteten unerwünschten Cortisonwirkungen. Als erstes wurde 1972 Beclometasondiproprionat entwickelt; ihm folgten Budesonid und Flunisolid. Bei Inhalation von morgens und abends je 2 Hub dieser Präparate ist es bei einem großen Prozentsatz der Patienten, speziell mit Intrinsic-Asthma, möglich, die Langfristtherapie ohne systemische Kortikoidgabe durchzuführen. Wenn die inhalative Therapie alleine nicht ausreicht, so kann zumindest die Dosis der oralen Gabe um 5–7,5 mg Prednison reduziert werden, so daß dadurch ebenfalls das Therapierisiko deutlich vermindert wird.

Ein Problem dieser Therapieform ist, daß manche Patienten, speziell Kinder und ältere Menschen, mit der Synchronisation von Sprayauslösung und Inhalation nicht zurechtkommen. Die Folge ist Ansammlung des Kortikoides im Mund und damit einerseits Entwicklung eines Pilzbefalls (Soor) und andererseits fehlende

Wirkung auf der Bronchialschleimhaut. Deshalb wurden Inhalationshilfen (sogenannte Spacer) entwickelt, die dieses Problem lösen halfen. Auch bei der Pulverinhalation mittels Rotahaler gibt es keine Probleme, da das Inhalat nur durch aktives Einatmen des Patienten in das Bronchialsystem gelangen kann. Als Pulverinhalat gibt es derzeit jedoch nur Beclomethasondiproprionat.

Wenn weiter oben ausgeführt wurde, daß die topische Kortikoidanwendung die Asthmatherapie revolutioniert hat, so ergibt sich dies aus folgender Tatsache: Bis vor wenigen Jahren galt die Regel, daß Kortikoide erst dann eingesetzt werden dürfen, wenn sich die vielfältigen anderen Behandlungsmöglichkeiten des Asthmas als nicht ausreichend wirksam erwiesen haben. In England sowie nach den neuesten Empfehlungen der Deutschen Liga zur Bekämpfung der Atemwegserkrankungen (1987) sind die inhalativen Kortikoide auf Platz 2 des Therapieschemas vorgerückt. Das bedeutet, daß bei Asthma zunächst sog. Beta-2-Sympathikomimetika gegeben werden sollen, dann inhalative Kortikoide und erst danach andere bronchialerweiternde Mittel wie Theophyllinpräparate und schließlich erst als letztes systemische Kortikoide.

Die inhalativen Kortikoide sind selbstverständlich nicht geeignet für die Behandlung des sog. *Status asthmaticus,* weil sie in solchen Fällen gar nicht auf die Bronchialschleimhaut gelangen können.

In der Behandlung der akuten asthmatischen Ventilationsstörung bleibt die systemische Gabe von Kortikoiden unersetzlich. Allerdings hat sich die in früheren Jahren kolportierte Meinung, daß Cortison das am schnellsten wirkende Medikament sei, nicht bestätigt. Wie im Kapitel über den Wirkungsmechanismus ausgeführt, dauert es mehrere Stunden, bis sich die vollständige Entzündungshemmung entfaltet. Auch bei intravenöser Injektion einer hohen Dosis muß man 5–10 Stunden warten, bis die bestmögliche Besserung der Atemfunktion eintritt. Deswegen genügt in einer Notfallsituation die alleinige Verabreichung eines Kortikoides nicht; es muß zumindest gleichzeitig ein wirksames bronchialerweiterndes Mittel verabreicht werden. Lediglich, wenn ein Patient auf die sog. Beta-2-Sympathikomimetika refraktär geworden ist, kann durch Cortison eine schnelle Wiederkehr von deren Wirkung erreicht werden (sog. permissiver Effekt, s. S. 116).

Cortison ist jedenfalls kein bronchialerweiterndes Mittel; seine bronchialerweiternde Wirkung ist die Folge der Entzündungshemmung. Eine Unterdrückung immunologischer Reaktionen in der

Lunge kommt hinzu, weiterhin eine Verminderung der Schleimbildung und der Schleimviskosität sowie wahrscheinlich auch eine Vermehrung der Beta-Rezeptoren.

Augenkrankheiten

Nachdem Ph. Hench so dramatische Erfolge bei entzündlich-rheumatischen Krankheiten erzielte, haben die Augenärzte der Mayo-Klinik schon 1950 auch die rheumatischen Augenkrankheiten mit ACTH bzw. Cortison behandelt. Sie leiteten eine Revolution der bis dahin gültigen therapeutischen Vorstellungen in der Augenheilkunde ein. Nun wurden alle entzündlichen Augenkrankheiten mit Cortison angegangen, und es entstand bei vielen Ärzten der Reflex: Rotes Auge = Cortison. Die Behandlung war ja so einfach geworden, seit es cortisonhaltige Augentropfen und -salben gab.

So schnell wie bei kaum einer anderen Indikation stellte sich jedoch heraus, daß diese Therapie katastrophale Folgen für das Auge haben kann, z. B. beim Herpes corneae. Aber auch bei anderen Krankheiten kann die lokale Kortikoidanwendung zu trophischen Störungen führen, da die Konzentration der Kortikoide in den vorderen Augenabschnitten bei lokaler Therapie wesentlich höher ist als bei der systemischen Gabe. Schließlich kann fortgesetzte lokale Therapie einen Pilzbefall provozieren. Daß auch eine Erhöhung des Augeninnendruckes resultieren kann, wird im Kapitel ›Das Problem der unerwünschten Wirkungen‹ erwähnt.

Deshalb gilt heute die Regel, daß Kortikoid-Augentropfen oder -salben nur nach eingehender augenärztlicher Untersuchung und unter fortlaufender Kontrolle verwendet werden dürfen. Selbstverständlich werden bei entzündlichen Erkrankungen der tiefen Schichten des Auges Kortikoide systemisch angewandt.

Kombinierte Therapie

Im Kapitel über den Wirkungsmechanismus wurde ausgeführt, daß Cortison in hoher Dosierung einen immunsuppressiven Effekt hat. Will man immunologisch begründete Krankheiten damit behandeln, benötigt man über längere Zeit Dosen, die über der Toleranzgrenze für eine Langfristtherapie liegen. Diese Therapie führt also mit hoher Wahrscheinlichkeit zu Komplikationen. Deshalb werden bei solchen Krankheiten die Kortikoide mit anderen Immunsuppressiva kombiniert. Dadurch kommt man bei beiden Medikamentengruppen mit niedrigeren Dosen aus: Die therapeutische Wirkung ist gesichert, das Risiko vermindert.

Zur Kombination finden in erster Linie sog. Zytostatika Anwendung, vielleicht in Zukunft auch die sog. Immunstimulantien. In Einzelfällen werden auch andere Verfahren verwendet, wie z. B. die Lymphoplasmapherese (Entfernung der immunkompetenten Lymphozyten sowie von Antikörpern und anderen Mediatoren aus dem Blut).

Die Kombinationsbehandlung wurde bereits bei den Kollagenosen und der chronischen Polyarthritis erwähnt; sie ist dort ein integraler Bestandteil des Therapiekonzeptes geworden. Auch bei gewissen Formen der chronischen Hepatitis ist sie üblich (s. S. 136). Sie hat schließlich bei den folgenden Krankheiten zu einer entscheidenden Verbesserung der Relation erwünschte zu unerwünschten Wirkungen geführt.

Blutkrankheiten

Da schon sehr frühzeitig der Einfluß auf das lymphatische System der Nebennierenrindenhormone erkannt worden war, ist es verständlich, daß man schon 1949 mit ACTH und 1950 mit Cortison auch die *lymphatische Leukämie* zu behandeln versuchte. L. Heilmeyer in Freiburg berichtete bereits 1950 über zwei von ihm kurzfristig behandelte Patienten: bei der akuten Leukämie eines Kindes trat eine dramatische Besserung im klinischen und Knochenmarksbefund ein, aber das Kind starb einen Tag nach Beendigung der Therapie. Bei der chronischen Lymphadenose eines älteren Mannes bildeten sich die Drüsentumoren rapide zurück.

Die weitere Erfahrung zeigte, daß sich unter Cortison zwar Remissionen einleiten lassen, eine Heilung aber nicht erzielt werden kann. Die Lebenserwartung einer akuten Leukämie betrug nach J. Bernard 1947 2,4 Monate, 1954 15 Monate, 1965 4–5 (bis maximal 15) Jahre; 1972 gelang in 2–3 % eine Heilung und 1981 in 50 % bei Kindern mit lymphoblastischer Leukämie. Zwischen 1947 und 1954 wirkte sich die Cortisontherapie aus, während der wesentliche Sprung bis 1965 durch die Einführung kombinierter Therapien mit mehreren Zytostatika und Cortison und die letzte Verbesserung bis 1981 durch die Möglichkeit der Knochenmarktransplantation von Individuen der gleichen Art gegeben war.

Eine ganz ähnliche Entwicklung ergab sich in der Behandlung der *malignen Lymphome.* Die Hodgkinsche Krankheit ist heute im Prinzip heilbar. Die modernen Therapieschemata enthalten Milzentfernung, Röntgenbestrahlung und Zytostatikakombinationen mit Kortikoiden.

Auch in der Behandlung der *immunologisch bedingten Blutkrankheiten* (hämolytische Anämie: Blutarmut durch Zerfall roter Blutkörperchen; Agranulozytose: Fehlen der granulierten weißen Blutkörperchen; Thrombopenie: Mangel an Blutplättchen) werden immer noch Kortikoide verwendet, aber nur in bestimmten Phasen und nur für begrenzte Zeit.

Tumortherapie

In der Tumortherapie haben die Kortikoide in jüngster Zeit eine ganz neue Indikation gefunden, deren Wirksamkeit in kritischen Studien gesichert wurde, auch wenn der Mechanismus noch unklar ist. Es handelt sich um die *Vermeidung des starken Erbrechens,* welches verschiedene der modernen Zytostatika auslösen. Zwar gibt es spezifische Mittel gegen das Erbrechen (Antiemetika); diese reichen aber in den üblichen Dosen meist nicht aus und führen bei höherer Dosierung zu sehr unangenehmen Nebenerscheinungen von seiten des Zentralnervensystems. Die meisten heute empfohlenen Therapieschemata verwenden deshalb die Kombination von Kortikoiden mit Antiemetika.

Im übrigen führte die appetitsteigernde und psychisch stimulierende Wirkung, die man bei der Behandlung der verschiedensten Krankheiten mit Cortison beobachtet hatte, schon in den 50er Jahren dazu, daß man Kranke im Endstadium eines bösartigen Tumorleidens aus rein *palliativen Gründen* mit Cortison behandelte. Manch einem dieser Patienten konnten seine letzten Tage damit erträglicher gestaltet werden.

Als Anfang der 60er Jahre Mitteilungen kamen, daß Tumoren und Metastasen durch Cortison schneller wachsen, hat man diese Therapie wieder verlassen. Man konnte dies mit gutem Gewissen tun, da inzwischen wirksame Psychopharmaka und Appetitstimulantien auf den Markt gekommen waren.

Und wiederum schwang das Pendel um; die Palliativtherapie

von Tumorkranken mit Kortikoiden findet in den letzten Jahren erneutes und zunehmendes Interesse. Zeitgemäß wurde auch eine plazebokontrollierte Studie gemacht, die den günstigen Effekt des Cortison bewies. Die besten Erfahrungen wurden bei Mammakarzinomen (Brustkrebs) gemacht, speziell wenn Weichteil- und Skelettmetastasen vorliegen.

18. AKTIVE TEILNAHME DES PATIENTEN

Die Behandlung von Krankheiten gründet auf der Dreierbeziehung Arzt – Arznei – Patient. Ihr Verhältnis hat sich im Laufe der Geschichte gewandelt. In frühen Jahren war es vom Glauben des Patienten an das Wissen und die Macht des Arztes bestimmt. Nach Entwicklung hochwirksamer Arzneimittel schätzte man den Arzt als Spezialisten, der in der Lage ist, für jeden Einzelfall das richtige Medikament auszuwählen. Heute haben viele Patienten – aus Gründen, die hier nicht diskutiert werden können – Angst vor „chemisch hergestellten" Arzneimitteln und sind dem naturwissenschaftlich fundierten Arzt gegenüber skeptisch.

Diese Entwicklung hat auch die Einstellung gegenüber Cortison beeinflußt. Forderten früher viele Patienten das „einzig wirksame Medikament", erleben wir derzeit eine Phase der Cortisonangst. „Cortison nehme ich auf keinen Fall", sagen viele Patienten, denen man ein solches Präparat verordnen will. Sie haben von den Gefahren dieser Therapie gehört oder gelesen und werden in ihrer Auffassung bestätigt durch die heute nach deutschem Gesetz jedem Medikament beiliegende Auflistung aller nur denkbaren Nebenwirkungen, den sogenannten Waschzettel. Die Entwicklung führte so weit, daß Asthmakranke ihr Leben riskierten und Rheumapatienten schwere Gelenkzerstörungen in Kauf nehmen mußten, nur weil sie sich kein Cortison zu nehmen trauten. Diese Reaktion kommt um zwei Jahrzehnte zu spät: Der Kulminationspunkt der unerwünschten Wirkungen war nämlich in den 60er Jahren erreicht. Wie in vielen vorhergehenden Kapiteln dargestellt, haben sich seither Indikationen, Anwendungsformen und Dosierungen so weit geändert, daß die Cortisontherapie zumindest relativ ungefährlich geworden ist.

Ein vernünftiger Weg kann nur durch vertrauensvolle *Zusammenarbeit zwischen Arzt und Patient* beschritten werden. Das setzt natürlich voraus, daß der Arzt Erfahrungen mit dieser Therapie hat und bereit ist, den Patienten als Partner zu akzeptieren. Er muß Geduld haben, wenn der Patient immer wieder mit Zweifeln kommt, und er muß tolerant sein, wenn der Kranke nicht immer alle ärztlichen Ratschläge befolgt.

Der Patient sollte die Kompetenz seines Arztes anerkennen und ihm Vertrauen entgegenbringen oder – falls dies nicht möglich ist – den Arzt wechseln.

Nur so kann eine Atmosphäre entstehen, in der alle Probleme offen besprochen werden können. Das beginnt mit der Aufklärung über die Krankheit und die Möglichkeiten der Behandlung, speziell über die Wirkungen und Gefahren der Cortisontherapie. Dazu gehört natürlich auch der Hinweis, daß das Risiko bei richtiger Durchführung und Überwachung der Behandlung relativ gering ist. Nur der gut aufgeklärte Patient, der sich selbst beobachtet und überwacht, kann rechtzeitig auf sich anbahnende Schäden aufmerksam machen.

Selbstverständlich muß der Patient auch darüber aufgeklärt werden, daß nicht nur seine Grundkrankheit, sondern auch die Cortisontherapie einer regelmäßigen Überwachung durch den Arzt bedarf. Dazu gehören neben einer Aussprache auch gezielte Fragen durch den Arzt, eine körperliche Untersuchung, Blut- und Harnanalysen und gelegentliche augenärztliche Kontrollen.

Schließlich kann der Patient auch aktiv etwas dazu beitragen, um das Risiko unerwünschter Wirkungen zu vermindern, und zwar durch *richtige Ernährung* und durch körperliche Aktivität.

Viele Patienten sind heute davon überzeugt, daß ihre Krankheit eine Ernährungsumstellung erfordert. Der Arzt muß dem Kranken ehrlich sagen, daß weder Rheuma noch Asthma, noch eine der anderen durch Cortison beeinflußbaren Krankheiten durch Diät geheilt werden kann. Dennoch ist eine bewußte Ernährung sehr wichtig, weil sie eventuellen Schäden durch die Krankheit und durch das Cortison vorbeugen kann. Dazu gehören:

- Keine Gewichtszunahme: Täglich wiegen und Verhinderung eines Gewichtsanstiegs durch angepaßte Kalorienzufuhr.
- Reichliche Eiweißzufuhr: Fleisch, Fisch und magere Milchprodukte, weil sowohl entzündliche Grundkrankheiten wie die Kortikoide den Körperbestand an Eiweiß reduzieren.
- Zurückhaltung mit Salz: Weil die Kortikoide Natrium im Körper speichern und dadurch Wasseransammlungen auslösen können.
- Zurückhaltung mit Zucker: Da es zur Wirkung des Cortison gehört, den Zuckerspiegel zu erhöhen.
- Sorge für kaliumreiche Ernährung: Viel Obst, speziell Aprikosen und Bananen, weil unter Cortison der Kaliumbestand des Körpers vermindert werden kann.

- Reichliche Kalziumzufuhr: Milch und magere Milchprodukte zur Vermeidung eines Knochenschwundes.
- Vitamin-C-reiche Ernährung: Frisches Obst und Salate, weil Vitamin C für die Arbeit der Nebenniere wichtig ist.

Ebenso bedeutsam für die Verhinderung einer Osteoporose ist *körperliche Aktivität,* soweit sie krankheitsbedingt möglich ist.

Schließlich ist auch wichtig, mit dem Patienten das Problem von *Arzneimittel-Wechselwirkungen* zu besprechen. Es muß vermieden werden, daß der Kranke ohne Wissen seines Hausarztes von einem Gebietsarzt verordnete oder auch von einer Nachbarin empfohlene Medikamente einnimmt, die möglicherweise die Cortisonwirkung stören können.

Wenn eine Krankheit langfristig höhere Cortisondosen erfordert, muß – wie auf Seite 105 ausgeführt – mit einer Störung des adrenalen Regelkreises und damit einer fehlenden oder zumindest ungenügenden Streßreaktion gerechnet werden. Deshalb müssen diese Patienten eingehend darüber belehrt werden, daß bei jedem Streß, wie körperliche Anstrengung, fieberhafte Erkrankung, Unfall, Operation, höhere Cortisondosen genommen werden müssen.

Damit auch ein eventuell zugezogener Notarzt richtig informiert ist, sollten solche Patienten immer einen Cortisonausweis mit sich führen.

19. AUSBLICK

Die Frage, ob die Cortisontherapie auch in Zukunft Bestand haben wird, ist für die Substitutionstherapie uneingeschränkt zu bejahen. Nur durch die Zufuhr von Cortisol können Patienten mit einer Nebennierenrinden-Unterfunktion am Leben erhalten und an die vielfältigen äußeren und inneren Belastungen ihres Organismus angepaßt werden. Cortisol wird niemals durch irgendeine andere Substanz ersetzt werden können.

Für die pharmakologische Therapie muß die Frage differenzierter beantwortet werden. Die 40jährige Geschichte des Hormons mit den vielen Ausschlägen des Cortisonpendels macht es wahrscheinlich, daß es auch in Zukunft Veränderungen geben wird.

Unter den Notfallindikationen werden manche, wie z. B. der Status asthmaticus und das Hirnödem, wohl bleiben. Bei anderen, z. B. den Schockzuständen, wird die Cortisontherapie vielleicht eines Tages durch wirksamere Mittel ersetzt werden.

Bei akut-entzündlichen Krankheiten überwiegt der Nutzen den möglichen Schaden so weit, daß eine Alternative zu den Kortikoiden nicht vordringlich erscheint; es ist auch keine in Sicht.

Für die Behandlung chronischer Krankheiten, die einer Langzeittherapie bedürfen, wird man weiter nach Möglichkeiten suchen, die Behandlung noch risikoärmer zu machen. In Anbetracht des gleichen molekularen Wirkungsmechanismus aller Cortisonderivate ist es wenig wahrscheinlich, daß eine chemische Abwandlung gefunden wird, die eine Trennung der erwünschten von den unerwünschten Wirkungen erreichen läßt.

Ganz sicherlich werden weitere Fortschritte in der Entwicklung von Präparaten mit ausschließlich lokaler Wirkung erzielt werden. Es wäre z. B. denkbar, daß man mit Hilfe von Liposomen oder anderen Trägersubstanzen Kortikoide in bestimmten Organen anreichern kann, so daß der übrige Organismus weitgehend frei von Hormonen bleibt.

Eine weitere Verminderung der Therapierisiken wird man schließlich durch die zunehmende Einbeziehung des Patienten in das Therapiebündnis erwarten dürfen.

Wenn man heute auf die 40jährige Entwicklung der Cortisontherapie zurückblickt, kann man sagen: Cortison hat vielen Menschen das Leben gerettet und noch mehr Kranken ein erträgliches Leben verschafft. Es ist ein unverzichtbarer Bestandteil der Pharmakotherapie geworden.

AUSWAHLBIBLIOGRAPHIE

Die Auswahlbibliographie bietet lediglich eine knappe Auslese von Veröffentlichungen zum Thema. Ausführliche Hinweise finden sich in den genannten Publikationen der beiden Autoren dieses Bandes.

Abderhalden, R.: Die innere Sekretion. Ciba-Zeitschrift 5 (1951), 1591–1650.

Addison, Th.: On the constitutional and local effects of disease of the supra-renal capsules. London 1855.

Adrenal corticosteroids in nonendocrine disease. In: Drug evaluations. Amer. Med. Ass. ^{6}1986, 1089–1104.

Agents used to treat adrenal dysfunction. In: Drug evaluations. Amer. Med. Ass. ^{6}1986, 661–674.

Albright, F.: Cushing's syndrome. Its pathological physiology, its relationship to the adreno-genital syndrome, and its connection with the problem of the reaction of the body to injurious agents ("alarm reaction" of Selye). Harvey Lectures 38 (1942/43), 123–186.

–: Some of the "Do's" and "Do-Not's" in clinical investigation. Proceedings of the thirty-sixth Annual Meeting of the American Society for Clinical Investigation Held in Atlantic City, N.J., May 8, 1944. J. Clin. Invest. 23 (1944), 921–926.

Axelrod, L.: Glucocorticoid therapy. Medicine 85 (1976), 39.

Baxter, J. D., G. G. Rousseau: Glucocorticoid hormon action. Berlin 1979.

Bernard, J.: Vers la guérison des leucémies aigues. Presse Méd. 10 (1981), 1897.

Besedovsky, H., A. del Rey, E. Sorkin, Ch. A. Dinarello: Immunoregulatory feedback between interleukin-1 and glucocorticoid hormones. Science 233 (1986), 652–654.

Biedl, A.: Die geschichtliche Entwicklung der Kenntnisse über die Nebenniere bis Addison (1855). Eine historische Studie. Janus 15 (1910), 193–219, 294–317.

–: Innere Sekretion. Ihre physiologischen Grundlagen und ihre Bedeutung für die Pathologie. 2 Bde. Berlin–Wien ^{2}1913.

Böttcher, H. M.: Das Hormonbuch. Die Geschichte der Hormonforschung. Köln–Berlin 1963.

Boland, E. W.: The treatment of rheumatoid arthritis with adrenocorticosteroids and their synthetic analogues: An appraisal of certain developments of the past decade. Ann. New York Acad. Sciences 82 (1959), 887–901.

Brown-Séquard, Ch. E.: Recherches expérimentales sur la physiologie et la pathologie des capsules surrénales. Comptes rendus hebdomadaires des séances de l'Académie des Sciences, Paris, 43 (1856), 422–425, 542–546.

Calnan, C. D.: Use and abuse of topical steroids. Dermatologica 152 (Suppl.) (1976), 747.

Carlisle, J. M.: Cortisone (compound E). Summary of its clinical uses. Brit. Med. J. (1950/II), 590–595.

Cruchaud, S.: Corticoïdes dans les syndromes obstructifs chroniques. Méd. et Hyg. 30 (1972), 566.

Cushing, H.: The basophil adenomas of the pituitary body and their clinical manifestations (pituitary basophilism). Bull. Hopkins Hosp. 50 (1932), 137–195.

– (1905): Zit. nach G. Eisele: Das Hirnödem und seine Behandlung mit Dexamethason. Scripta Medica Merck 8, Darmstadt [7]1983.

Dubois, E. L.: Lupus erythematosus. Los Angeles [2]1974.

Empedokles: Zit. nach W. Kranz: Das „Rheuma". Sudhoffs Arch. Gesch. Med. 42 (1958), 145–148.

Eppinger, H.: Aussprache. Verh. Dtsch. Ges. Inn. Med. 50 (1938), 264.

Eustachius: Tabulae Anatomicae Clarissimi Viri Bartholomaei Eustachii Quas è tenebris tandem vindicatas et Sanctissimi Domini Clementis XI. Pont. Max. Munificentiâ dono acceptas Praefatione, Notisque illustravit, ac ipso suae Bibliothecae dedicationis die publici juris fecit Jo. Maria Lancisius Intimus Cubicularius, & Archiater Pontificius. Romae MDCCXIV.

Friderichsen, C.: Nebennierenapoplexie bei kleinen Kindern. Jb. Kinderheilk. 87 (1918), 109.

Galicich, J. H., L. A. French, J. C. Melby: Use of dexamethasone in treatment of cerebral edema associated with brain tumors. Lancet 31 (1961), 46–53.

Garrison, F. H.: History of endocrine doctrine. In: L. F. Barker (ed.): Endocrinology and metabolism. New York 1922, 45–78.

Gill, G. N.: Pharmacology of adrenal cortical hormones. Oxford 1979.

Goodwin, J. S., D. Atluru, S. Sierakowski, E. A. Lianos: Mechanism of action of glucocorticosteroids. J. Clin. Invest. 77 (1986), 1244–1250.

Grenell, R. G., E. L. McCawley: Central nervous system resistance. The effect of cortical substances on the central nervous system. J. Neurosurg. 4 (1947), 508–518.

Gutzeit, K.: Icterus infectiosus. Münch. Med. Wschr. 161 (1942), 185.

Harter, J. G., W. J. Reddy, G. W. Thorn: Studies on intermittent corticosteroid dosage regimen. New Engl. J. Med. 269 (1963), 591.

Hartman, F. A., B. D. Bowen, G. W. Thorn, C. W. Greene: The vital hormone of the adrenal cortex. Ann. Int. Med. 5 (1931), 539–551.

Hartman, F. A., K. A. Brownell: The hormone of the adrenal cortex. Science 72 (1930), 76.

Heilmeyer, L., J. Frey, L. Weissbecker, G. Buchegger, H. Kilchling,

H. Begemann: Studien zur Wirkung des Cortisons (Compound E) und des adrenocorticotropen Hormons (ACTH). Dtsch. Med. Wschr. 75 (1950), 1124.

Heilmeyer, L., Fr. Schmid, H. A. Kühn: Erfahrungen mit der Cortisonbehandlung bei Virushepatitis. Dtsch. Med. Wschr. 80 (1955), 992.

Hench, Ph. S.: The ameliorating effect of pregnancy on chronic atrophic (infectious, rheumatoid) arthritis, fibrositis and intermittend hydrarthrosis. Proc. Staff Meet. Mayo Clin. 13 (1938), 161–167.

Hench, Ph. S., E. C. Kendall, Ch. H. Slocumb, H. F. Polley: The effect of a hormone of the adrenal cortex (17-hydroxy-11-dehydrocorticosterone: Compound E) and of pituitary adrenocorticotropic hormone on rheumatoid arthritis. Proc. Staff Meet. Mayo Clin. 24 (1949), 181–197.

Hench, Ph. S., E. C. Kendall, Ch. H. Slocumb, H. F. Polley: Effects of cortisone acetate and pituitary ACTH on rheumatoid arthritis, rheumatic fever and certain other conditions. Arch. Int. Med. 85 (1950), 545–666.

Hench, Ph. S., Ch. H. Slocumb, H. F. Polley, E. C. Kendall: Effect of cortisone and pituitary adrenocorticotropic hormone (ACTH) on rheumatic diseases. J. Amer. Med. Ass. 144 (1950), 1327–1335.

Hench, Ph. S.: The reversibility of certain rheumatic and nonrheumatic conditions by the use of cortisone or of the pituitary adrenocorticotropic hormone. Ann. Int. Med. 36 (1952), 1–38.

Henle, J.: Über das Gewebe der Nebenniere und der Hypophyse. Z.ration. Med. III. 24 (1865), 143–152.

Hoff, F.: Behandlung innerer Krankheiten. Leipzig 1940.

Hollander, J. L., E. M. Brown, R. A. Jessar: Hydrocortisone and cortisone injected into arthritic joints. J. Amer. Med. Ass. 147 (1951), 1629–1635.

Hollander, J. L.: Arthrocentosis technique and intrasynovial therapy. In: D. J. McCarty (ed.): Arthritis and allied conditions. Philadelphia ^{10}1985.

Ingle, D. J.: Permissive actions of hormones. J. Clin. Endocrinol. 14 (1954), 1272–1274.

Ingle, D. J.: E. C. Kendall. Biographical Memoirs. National Academy of Sciences of the United States of America XLVII (1975), 249–290.

Jesserer, H.: Cortisonschäden und Cortisonismus. Rheumaforum 1, Karlsruhe 1973.

Kaiser, H.: Cortisonderivate in Klinik und Praxis. Stuttgart ^{8}1987.

–: Praxis der Cortisontherapie. München ^{2}1986.

–: Rheumatherapie – einst und jetzt. Vom Aderlaß zum Kortison. Fortschr. Med. 104 (1986), 26: 62–63, 27: 69–71.

Kaiser, H., W. Fischer: Techniken der Injektion. Planegg ^{6}1987.

Kalk, H., E. Wildhirt: Die Therapie der akuten Leberdystrophie. Therapiewoche 5 (1954), 111.

Kehrl, J. H., A. S. Fauci: The clinical use of glucocorticoids. Ann. Allergy 50 (1983), 2.

Kendall, E. C.: A chemical and physiological investigation of the suprarenal cortex. Symp. Quant. Biol. 5 (1937), 299–312.
–: Cortisone. New York 1971.
Kligman, A. M., K. H. Kaidbey: Hydrocortisone revisited. An historical and experimental evaluation. Cutis (1978), 232–244.
Klinkenberg, N.: Cortison. Die Geschichte des Cortisons und der Kortikosteroidtherapie. Ein Beitrag zur Forschungs- und Therapiegeschichte heutiger Medizin. Pahl-Rugenstein Hochschulschriften Gesellschafts- und Naturwissenschaften 238. Köln 1987.
Kocher, T.: Hirnerschütterung, Hirndruck und chirurgische Eingriffe bei Hirnkrankheiten. In: Nothnagel: Specielle Pathologie und Therapie. Wien 1901.
Künzer, W., W. Schenk, F. Schindera, H. Schumacher: Waterhouse-Friderichsen-Syndrom. Dtsch. Med. Wschr. 97 (1972), 270.
Kundratitz, K.: Experimentelle Übertragung von Herpes zoster auf den Menschen. Mschr. Kinderheilk. 29 (1925), 516–523.
Labhart, A.: Klinik der inneren Sekretion. Berlin ^{3}1978.
Marget, W.: Kortikosteroid-Therapie. Ein paradoxes Wirkungsprinzip bei der Infektionsbehandlung. Münch. Med. Wschr. 124 (1982), 33.
Mason, H. L., Ch. S. Myers, E. C. Kendall: The identification of a substance which possesses the qualitative action of cortin. J. Biol. Chem. 116 (1936), 267–276.
Medvei, V. C.: A history of endocrinology. Lancaster 1982.
Michet, C. J., C. H. McKenna, L. R. Elveback, R. A. Kaslow, L. T. Kurland: Epidemiology of systemic lupus erythematosus and other connective tissue diseases in Rochester/Minnesota 1950–1979. Mayo Clin. Proc. 60 (1985), 105.
Morel, A.-M.: Histoire des corticoïdes. Cahiers Médicaux 7 (1981), 65–71.
Mulrow, P. J. (ed.): The adrenal gland. New York 1986.
Neville, A. M., M. J. O'Hare: The human adrenal cortex. Berlin 1982.
Prados, M., B. Strowger, W. Feindel: Studies on cerebral edema. Arch. Neurol. Psychiat. 54 (1945), 163–174, 290–300.
Rehn E.: Kortikoide aus der Sicht des Chirurgen. Therapiewoche 31 (1981), 6229–6266.
Reichstein, T.: Über Bestandteile der Nebennieren-Rinde VI. Trennungsmethoden, sowie Isolierung der Substanzen Fa, H und J. Helvet. Chimica Acta 19 (1936), 1107–1126.
Reichstein, T., C. W. Shoppee: The hormones of the adrenal cortex. Vitamins and hormones 1 (1943), 345–413.
Rolleston, H. D.: The endocrine organs in health and disease. With an historical review. London 1936.
Sanders, H. J.: Arthritis and drugs. Chemical & Engineering News 46 (1968), 31: 52–67, 32: 52–72, 34: 46–73.
Schmutzler, W.: Pharmakologische Eigenschaften therapeutisch angewandter Kortikosteroide (unter Berücksichtigung verschiedener Zube-

reitungen und Kombinationen mit anderen Arzneimitteln). Allergol. 3 (1980), 187–193.
Selye, H.: A syndrome produced by diverse nocuous agents. Nature 138 (1936), 32.
–: Einführung in die Lehre vom Adaptationssyndrom. Stuttgart 1953.
Sherlock, S.: Diseases of the Liver and the Biliary System. Springfield, Ill. 1958.
Siede, W., A. Klamp: Die Behandlung der Hepatitis epidemica mit Cortison. Med. Klin. (1956), 2210–2213.
Siegenthaler, W., L. Suter: Zur Behandlung der Hepatitis epidemica mit Cortison. Schweiz. Med. Wschr. 85 (1955) 1051–1053.
Spink, W. W.: Adrenocorticotropic hormone and adrenal steroids in the management of infectious diseases. Ann. Int. Med. 43 (1955), 685–696.
Sprague, R. G.: Summary: Cortisone and ACTH in clinical medicine. Proc. Staff Meet. Mayo Clin. 25 (1950), 500–502.
Storck, H.: Zum Wandel der Dermatologie und Allergologie während 25 Jahren Kortison-Therapie. Schweiz. Rundschau Med. (Praxis) 66 (1977), 161–168.
Sulzberger, M. B., V. H. Witten: The effect of topically applied compound F in selected dermatoses. J. Invest. Derm. 19 (1952), 101–102.
Thorn, G. W., P. H. Forsham, F. T. Garnet Prunty, A. G. Hills: A test for adrenal cortical insufficiency. J. Amer. Med. Ass. 137 (1948), 1005.
Thorn, G. W., G. F. Koepf, R. A. Lewis, E. F. Olsen: Carbohydrate metabolism in Addison's disease. J. Clin. Invest. 19 (1940), 813–832.
Thorn, G. W., et coll.: The adrenals 1854–1954. Canad. Med. Ass. 72 (1955), 883–891.
Venzmer, G.: Körpergestalt und Seelenanlage. Ein Überblick über die biologische Verwandtschaft zwischen Körperform und Wesenskern des Menschen. Stuttgart 1930.
–: Deine Hormone – Dein Schicksal? Von den Triebstoffen unseres Lebens. Stuttgart o. J. (nach 1938).
Verzár, F.: Lehrbuch der Inneren Sekretion. Liestal 1948.
Virchow, R.: Über das Vorkommen und den Nachweis des hepatogenen, insbesondere des katarrhalischen Icterus. Virchow's Archiv 32 (1864), 117.
Voegt, H.: Zur Ätiologie der Hepatitis epidemica. Münch. Med. Wschr. 89 (1942), 76.
Wallace, D. J., E. L. Dubois: Dubois' Lupus erythematosus. Philadelphia ^{3}1987.
Waterhouse, R.: A case of suprarenal apoplexie. Lancet II (1911), 577.
Wildhirt, E.: Bemerkungen zur Cortison-Therapie der Hepatitis. Med. Klin. 50 (1955), 713.
Wintersteiner, O., J. J. Pfiffner: Chemical studies on the adrenal cortex. III. Isolation of two new physiologically inactive compounds. J. Biol. Chem. 116 (1936), 291–305.

ABBILDUNGSNACHWEIS

Abb. S. 2:
Bartholomaeus Eustachius: Libellus de dentibus. Wien: Urban & Schwarzenberg 1951. (Nachdruck der Erstauflage 1563.) Abdruck mit freundlicher Genehmigung von Urban & Schwarzenberg, München.

Abb. S. 3 und 5:
Tabulae anatomicae clarissimi viri Bartholomaei Eustachii. Rom 1714. (Nachdruck: Editrice Parnaso, Modena 1968.)

Abb. S. 4:
Andreas Vesalius: De humani corporis fabrica (1543).

Abb. S. 8:
W. Kaiser, C. Beierlein: In memoriam Hermann Boerhaave. Martin-Luther-Universität: Halle–Wittenberg 1969.

Abb. S. 9:
Abdruck mit freundlicher Genehmigung des Bildarchivs der Österreichischen Nationalbibliothek, Wien.

Abb. S. 10:
Ciba-Zeitschrift 11, Nr. 124 (1951), S. 4545. Abdruck mit freundlicher Genehmigung.

Abb. S. 13:
Abdruck mit freundlicher Genehmigung des Bildarchivs der Österreichischen Nationalbibliothek, Wien.

Abb. S. 17:
Ciba-Zeitschrift 11, Nr. 124 (1951), S. 4552. Abdruck mit freundlicher Genehmigung.

Abb. S. 19:
D. S. Ingle: A dozen doctors: autobiographic sketches. University of Chicago Press: Chicago–London 1963. Abdruck mit freundlicher Genehmigung der University of Chicago Press, Chicago/Ill.

Abb. S. 22:
E. C. Kendall: Cortisone. New York: Charles Scribner's Sons 1971. Abdruck mit freundlicher Genehmigung des Bildarchivs der Österreichischen Nationalbibliothek, Wien.

Abb. S. 23:
H. J. Sanders, Arthritis and drugs. In: Chemical & Engineering News 46 (1968), S. 53.

Abb. S. 26:
L. G. Stevenson: Nobel prize winners in medicine and physiology 1901–1950. New York: H. Schuman 1953, S. 151. Abdruck mit freundlicher Genehmigung von Professor Dr. T. Reichstein, Basel.

Abb. S. 33:
F. A. Hartman, B. D. Bowen, G. W. Thorn, C. W. Greene: The vital hormone of the adrenal cortex. In: Annals of Internal Medicine 5 (1931), S. 543f. Abdruck mit freundlicher Genehmigung der Wellcome Institute Library, London.

Abb. S. 34:
Mit freundlicher Genehmigung von Dr. Bandilla, Wiesbaden.

Abb. S. 41:
Médecine et Hygiène 35 (1977), S. 270. Abdruck mit freundlicher Genehmigung.

Abb. S. 42:
H. Cushing: The basophil adenomas of the pituitary body and their clinical manifestations (Pituitary basophilism). In: Bulletin of the Johns Hopkins Hospital 50, 3 (1932), S. 151. Abdruck mit freundlicher Genehmigung der Wellcome Institute Library, London.

Abb. S. 49:
E. C. Kendall: Cortisone. New York: Charles Scribner's Sons 1971. Abdruck mit freundlicher Genehmigung.

Abb. S. 51:
Herrlinger: Nobelpreis für Medizin. München: Moos-Verlag 1971. Abdruck mit freundlicher Genehmigung.

Abb. S. 53:
E. C. Kendall, Cortisone. New York: Charles Scibner's Sons 1971. Abdruck mit freundlicher Genehmigung.

Abb. S. 61:
J. M. Carlisle: Cortisone (compound E). Summary of its clinical uses. In: British Medical Journal (1950/II), S. 592.

Abb. S. 75:
Abdruck mit freundlicher Genehmigung von Professor Dr. J. Rohen, Erlangen.

Abb. S. 77:
H. Kaiser: Cortisonderivate in Klinik und Praxis. Stuttgart: Thieme ^{8}1987, S. 57.

PERSONENREGISTER

Abderhalden, R. 72
Abel, J. 15
Addison, Th. 1. 9. 10. 72. 79
Albright, F. 32. 34. 41
Aldrich, Th. 15
Aschoff, L. 50
Ascoli, G. 29

Baer, R. 94
Bauhin, C. 6
Bernard, C. 6
Bernard, J. 146
Biedl, A. 17. 18. 29. 40. 72
Böttcher, H. 67
Boland, E. 86
Bordeu, Th. de 6
Bright, R. 9
Brown-Séquard, Ch. 12. 13. 14. 72
Butenandt, A. 48

Calnan, C. 97
Carlisle, J. 60. 61. 62. 63. 86. 95
Charcot, J. 83
Cohen (Lord) 72
Collip, J. 46
Columbus, Ch. 72
Cruchaud, S. 143
Cushing, W. 41. 42. 104. 140
Cybulski, N. 15

Dubois, E. 88
Dufy, R. IV. 66

Ecker, A. 8. 9
Empedokles 83
Engels, G. 43
Eppinger, H. 132
Eustachius, B. 1. 2. 3. 5. 6
Euw, J. von 27
Everse 30

Fabritius ab Aquapendente, H. 2
Fallopius, G. 2
Fischer, W. 92
Fremery, de 30
French, L. 141
Friderichsen, C. 130
Fürth, O. von 16

Galenus, C. 1
Galicich, J. 141
Garrod, A. 83
Gennes, L. de 41
Gull, W. 9
Gutzeit, K. 133

Haller, A. von 7
Harington, Ch. 22
Harter, J. 120
Hartman, F. 19. 20. 32. 59. 140
Heilmeyer, L. 128. 129. 133. 146
Hench, Ph. 50. 51. 52. 53. 55. 56. 57. 59. 62. 64. 65. 70. 71. 72. 84. 85. 103. 109. 120. 128. 141. 145
Henle, G. 13
Hodgkin, Th. 9
Hoff, F. 84. 136
Hollander, J. 90. 91. 122
Hyrtl, J. 1

Ingle, D. 30. 70. 71. 116

Jesserer, H. 105

Kaidbey, K. 98
Kaiser, H. 92. 111

Kalk, H. 133
Kendall, E. 22. 23. 24. 25. 26. 27. 32. 36. 44. 46. 47. 48. 52. 53. 55. 59. 70. 71. 72. 109
Kennedy, J. 66
Kligman, A. 98
Kocher, Th. 140
Kölliker, R. von 9
Künzer, W. 131
Kundratitz, K. 131

Labhart, A. 43
Lancisi, G. 3. 6
Laqueur, E. 26. 48
Laurence, W. 55
Legnani, T. 29
Loehner, C. 59

Magendie, F. 7
Maggio, J. di 57
Maibach, H. 94
Marget, W. 129
Marker, R. 48
Mattox, V. 48. 70
Mayo, W. 32
Meckel, J. 7. 8
Menkin, V. 41. 71
Michet, C. 88
Miller, J. 94
Montesquieu, Ch. de 6
Morell, A.-M. 56
Müller, F. von 50. 83
Müller, J. 7

Niedner, R. 101
Nikolowski, W. 95. 96

Oliver, G. 15
Osler, W. 15

Peterson, D. 68
Petruccius, Th. 2
Pfiffner, J. 19. 25. 26
Polley, H. 53. 55. 70
Prados, M. 141
Proppe, A. 97. 98

Rehn, E. 90
Reichstein, T. 25. 26. 27. 30. 36. 45. 47. 68. 71. 72. 74
Renard, M. 66
Riverius, L. 2
Röntgen, W. 72
Rogoff, J. 19
Rome, H. 60
Rovere, G. della 2
Rowntree, L. 19
Ružička, L. 48

Sanders, H. 47
Sarett, L. 48. 70
Schäfer, E. 15
Schmutzler, W. 99
Schöpf, E. 101
Selye, H. 36. 40. 41. 42. 43. 44. 56. 57. 71. 72. 129
Sherlock, S. 134
Siede, W. 133
Siegenthaler, W. 133
Slocumb, Th. 53. 55. 70
Spigelius, A. 6
Spink, W. 128
Sprague, R. 63
Steiger, M. 27
Stewart, G. 19
Stilling, H. 13
Stolz, F. 16
Storck, H. 94
Sulzberger, B. 93. 94
Swieten, G. van 2
Swingle, W. 19. 46
Sydenham, Th. 83
Szent-Györgyi, A. 23. 34
Szymonowicz, L. 15

Takamine, J. 15
Thorn, G. 20. 36. 37. 46. 90. 117. 120. 122
Toone, E. 72
Trousseau, A. 10

Vaisrub, S. 72
Valsalva, A. 6
Valverde, A. 2
Venzmer, G. 39
Verzár, F. 15. 36. 38
Vesalius 2. 4
Vidius, V. 2
Virchow, R. 7. 11. 132
Voegt, H. 133
Vulpian, F. 13
Wallace, D. 88
Waterhouse, R. 130
Wendler, N. 68
Wildhirt, E. 133. 134
Wilks, S. 10
Wintersteiner, O. 25. 26. 27
Witten, V. 93. 94
Woodward, R. 68